교실의 언어

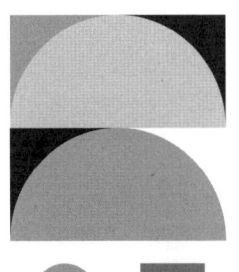

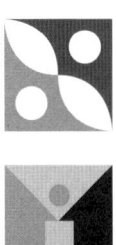

교실의 언어

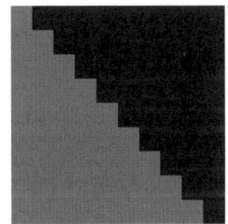

교육 현장의 대화를 이끄는 키워드 14

전현욱 지음

창비⹁

여는 글

『어른의 어휘력』이라는 책을 읽었습니다. 읽는 내내 심경이 복잡했습니다. 실타래처럼 얽혀 있는 그 복잡한 마음을 하나하나 떼어보았더니 여러 감정과 생각들이 나타났습니다. 착잡함, 씁쓸함, 허탈함, 부끄러움, 허무함, 황홀함, 놀라움, 청량함……. 이런 말들이 있었구나. 이런 예쁜 말들, 이렇게 상황을 정확하게 가리키는 말들이 있음을 여태 모르고 살았구나. 내 세계가 너무나 좁았구나. 그래서 내가 하는 말에 이, 그, 저, 저기 같은, 모든 것을 포괄하는 듯하면서도 사실은 아무 뜻도 없는 말들이 지저분하게 섞여 있는 거였구나. 나라면 빙빙 돌려서 설명할 걸 이 한마디로 표현할 수 있다니. 막혀 있던 벽 저 너머를 볼 수 있게 된 것처럼 시원하구나…….
이 책은 '말의 힘'이라는 걸 조금은 다른 측면에서 다시 한번 깨닫게 해주었습니다.

그러다 문득 제가 교직에 몸담고 있다는 사실, 학생들과 하루하루 부대끼며 살아가고 있다는 사실이 뇌리를 스쳤습니다. 저와 여러분이 사는 이 교육의 세계에도 수많은 말들이 있다는 게, 하루에도 수십, 수백 번씩 그 말들을 사용해 대화를 나누고, 교육과정을 짜고, 수업 계획을 세우고, 문서를 만들고, 연수를 듣고, 글을 읽고 쓰며 살아간다는 게 생각났습니다.

자연히 의문을 갖게 되었습니다. 내가 알고 있는 그 말들의 뜻을 제대로 이해하고 사용하는 걸까? 나는 그 말들이 갖는 의미에 꼭 맞갖은 실천을 하고 있을까? 내가 알고 있는 그 말들은 내가 만나는 교육의 상황을 적확하게 가리키는가? 그 외에 내 교육 세계를 넓히기 위해 더 배우고 익혀야 할 말들은 없을까? 2023년 겨울방학, 밀려오는 감정과 생각의 폭풍 속에서 『어른의 어휘력』을 읽으며 가졌던 의문들, 그에 대한 제 나름의 답을 찾아보자는 게 이 책을 쓰게 된 첫 번째 동기입니다.

두 번째 동기는 모두가 알지만 읽어본 사람은 아무도 없다는 우스갯소리의 주인공, 존 듀이의 주저 『민주주의와 교육』입니다. 듀이는 3Rs로 대변되는 전통적 교과 지식의 무조건적·무맥락적·무의미적 학습에서 벗어나 학생들에게 삶의 중요성을 되찾아준,

교육으로 하여금 학생들의 삶으로 눈을 돌리게 한 교육학자입니다. 듀이의 이런 교육 사상은 '진보주의 교육철학'으로 불렸고, 이는 경험 중심 교육과정의 형태로 구현되었습니다. 이를 통해 실현되는 수업은 학생들의 사회적 삶에서 마주치는 또는 삶 속에서 길어 올린 문제들을 해결해가는 방식의 학습 방법을 강조했죠. 2015 개정 교육과정에서 '핵심역량'이란 개념이 제시되면서 학교 교육을 통해 습득한 지식과 이 지식을 실제 활용한 창의적 문제 해결을 강조하고 있는 바, 그 점에서 2015와 2022 개정 교육과정 등 최근의 국가 교육과정과 듀이의 사상은 꽤 커다란 접점이 있음을 알 수 있습니다.

아무튼 『어른의 어휘력』을 읽기 얼마 전 '비싸게 주고 산 책, 제대로나 읽어보자' 하는 마음으로 『민주주의와 교육』을 읽기 시작했는데요, 물론 제 독해의 관점 때문이겠지만 저와 동료들이 교육과정을 짜고 실행 방안과 방향을 이야기할 때, 교육부나 교육청 같은 정책 입안 및 집행 기관들이 정책을 안내하고 홍보할 때 제법 자주 사용하는 말들이 그 안에서 때로는 정확히 같은 기표로, 때로는 기의의 형태로 표현되고 담론되고 있었습니다. 생각보다 오래된 말들이었구나. 듀이는 어떤 뜻으로, 어떤 마음에서 이 말들을 썼는지 요즘 내가 쓰는 말과 비교해보자. 그리고 내 말로, 내가 이해한 대로 다시 풀어 써보자. 그렇게 내 어휘력을 점검하고 넓혀보

자. 이게 두 번째 동기입니다.

세 번째 동기는 말 걸기입니다. 학위논문을 쓸 때 제 연구를 도와주신 몇 분과 1년에 두세 번 정도 모임을 갖습니다. 연구할 때도 그랬지만, 그분들과 만나면 교육에 관해 참 많은 이야기를 나누고 그 속에서 정말 많은 것을 배웁니다. 그분들이 그러더군요. 제 속에 켜켜이 쌓인 이야기들을 혼자만 간직하고 있거나 당신들한테만 말하지 말고 교육이라는 행위에 참여하는 많은 동료, 동지들과 함께 나누면 어떻겠느냐고요. 그래서 제가 그랬죠. "그럼 그 이야기들을 한 달에 한 편씩 써서 두 분 선생님과 공유하겠습니다. 선생님들께서 괜찮다 하시면 블로그든 뭐든 가능한 지면을 최대한 활용하여 이 땅에서 아이들의 교육을 위해 헌신하시는 많은 선생님들께 용기 내어 말을 걸어보겠습니다." 성글고 서툰 글이었지만 감사하게도 이렇게 책이라는 형태를 빌려 좀 더 많은 독자들에게 말을 걸 수 있게 되었습니다.

공부가 얕다 보니 아마 잘못 이야기한 부분도 있을 테고, 중언부언한 이야기도 있겠다 싶어 두렵습니다. 그래도 용기를 내어 말을 걸어봅니다. 같이 생각해보자고. 같이 우리의 어휘력을 넓혀가자고. 이 별거 아닌 책이, 이 책에 담긴 제 이야기가 교육에 대한 우리의 생각과 실천을 더욱 화려하게 꽃피우고 단단히 하는 데 나노 크기 입자만큼의 보탬이라도 될 수 있다면 더 바랄 게 없겠습니다. 제 이야기에 동참해주신 모든 독자 여러분, 진심으로 고맙습니다.

2025년 12월

전현욱

차례

여는 글 5

1. 흥미(관심) 12

2. 교육철학 27

3. 성장 41

4. 경험 57

5. 교사 교육과정과 경험 중심 교육 79

6. 교실 민주주의 96

7. 학습자와 교사 118

8. 학습 문제 134

9. 학습 환경 151

10. 교과 172

11. 교육 내용과 방법: 통합 198

12. 학습자 중심 교육 217

13. 교육의 목적과 목표 236

14. 교육에서의 사고 261

닫는 글 281

주 290

참고 문헌 294

1

흥미
(관심)

수업을 준비할 때 가장 중요하게 여겨야 할 요소는 무엇이라고 생각하시나요?

이 질문에 대한 답을 하는 게 그렇게 쉽지만은 않을 겁니다. 수업이라는 게 워낙 다양한 요소들로 이루어진 복합체·다양체이기 때문이고, 또한 수업 도중 우연히 마주칠 수 있는 변수들도 예상할 수 없을 만큼 많기 때문입니다. 그런 까닭에 이 질문을 받은 사람들은 백이면 백, 모두 다른 대답을 할지도 모르겠습니다. 동기 유발, 짜임새 있는 수업 내용, 발문, 학습-교수 방법, 돌발 상황에 대한 임기응변, 그 돌발 상황을 극복한 학습 목표의 달성, 목표 달성 여부에 대한 평가……. 맞습니다. 어느 것 하나 우열을 가릴 수 없는 좋은, 옳은 대답들입니다.

쉽사리 답을 찾기는 어려울 것 같으니 질문을 바꿔보겠습니다. 수업이란 무엇일까요? 수업은 어떤 과정을 통해 이루어질까요? 수업을 시작할 때 가장 먼저 하는 행위는 무엇인가요?

이 주제, 이 단원에 대한 전체적인 그림 또는 학습의 연속성을 놓치지 않기 위해 이전 수업과 관련짓고(전시학습 상기), 그 과정에서 학생들로 하여금 이 수업에 반드시 참여해야 하는 이유와 동기를 의도적·비의도적으로 불러일으킵니다(동기 유발). 그러고는 그런 연속성을 고려할 때 이번 수업에서 다루어야 할 (학습)문제를 제시하거나 아니면 학생들 스스로 찾아보게 하겠죠(학습 문제 제시). 그 뒤로는 교사의 설명과 학생들의 자발적인 탐구 활동을 통해 또는 그 둘의 균형 잡힌 상호작용을 통해 이 수업 시간에 다뤄야 할 문제를 푸는 활동이 이어집니다. 말하자면 수업이란 공부해야 할 문제를 찾고, 그것을 자신이 풀어야 할 문제로 삼고, 마침내 그 문제를 해결해가는 활동이라는 겁니다.

과학철학자 칼 포퍼가 이야기한 것처럼 우리네 삶이라는 게 문제 해결의 연속적인 과정이긴 하지만, 우리 삶이 반드시 수업의 형태나 방식으로 이루어지지는 않는다는 사실을 생각하면 수업은 그와 같은 문제 찾기-문제 삼기-문제 풀기 과정의 특수한 표현태 중 하나라고 이해할 수 있을 겁니다. 그렇게 문제를 풀어가는 과정에서 학습자는 다양한 학습 내용 및 요소들과 유의미한 또는 유용한 관계를 맺습니다. 이게 제가 생각하는 '수업이란 무엇일까? 수업은 어떤 과정을 통해 이루어질까?'라는 질문에 대한 답입니다.

그러나 고민이 있습니다. 고심 끝에 학생들이 반드시 생각해봤으면 하는 문제를 찾고, 그 문제를 푸는 데 필요한 다양한 자료와 학습 내용을 제시해도 모든 학습자들이 수업에 적극적이고 활기 있게, 또 생동감 넘치게 참여하지는 않는다는 겁니다. 어떤 친구들은 잠깐 흥미를 보였다가 금세 딴짓을 하고, 또 어떤 친구들은 처음부터 소 닭 보듯 무관심합니다. 또 어떤 친구들은 열심히 참여하는 것 같기는 한데 영혼을 다한 참여인지, 몸만 여기에 있고 영혼은 없는 참여인지 알기 어렵습니다. 반드시 공부해야 할 중요한 문제인데 말이죠.

위 문단에서 제가 아주 중요한 낱말을 하나 썼는데, 혹시 찾으셨나 모르겠습니다. '흥미' 말입니다. 학생들에게 지금 이 수업에 대한 흥미를 질적으로나 양적으로나 얼마나 크게, 많이 불러일으키는가가 결국 수업의 '성공' 여부를 판가름하는 열쇠라고 생각합니다. 흥미가 당기면 수업에 열심히 참여할 테고, 흥미가 없으면 그렇지 않을 것이기 때문입니다.

자, 돌고 돌아 결국 첫 번째 질문으로 되돌아가게 됐는데요, 그렇다면 수업을 준비할 때 최우선으로 고려해야 할 요소는 무엇이어야 할까요? 흥미. 빙고. 적어도 저는 그렇게 생각합니다. 학생들에게 흥미를 불러일으키기 위해 공들여 동기 유발을 준비하고, 심혈을 기울여 수업 내용과 학습활동을 마련하고 조직하는 것이 아닌가 싶습니다.

한 가지 이야기하고 싶은 것은 '흥미=재미'는 아닌 것 같다는 거, 그러니까 재미가 반드시 흥미의 필수(필요) 조건은 아닌 것 같다는 겁니다. '흥미 있으면 재미있는 거 아닌가?'라고 생각하는 독자들이 있을 텐데, 꼭 그렇지는 않은 것 같습니다.

예 하나를 들어보겠습니다. 저는 인류학과 사회학 그리고 철학에 흥미가 있습니다. 이 분야의 책을 읽고, 이를 통해 제 자신을 성찰하며, 그 결과를 글과 말을 통해 나누는 것을 좋아합니다. 그런데 해당 분야의 책을 읽어본 독자라면 공감하겠지만 와, 책 읽기가 여간 고역스러운 게 아닙니다. 심지어는 고통스럽기까지 합니다. 어떨 때는 '뭐 이딴 책이 다 있어?' 하면서 책을 집어던지고 싶습니다. 읽으려고 펴놓기는 하지만 유튜브를 시청하거나 인터넷으로 가십거리를 찾아보다가 마지못해 다시 책으로 돌아가는 일이 잦습니다. 그럼 아마 누군가는 그럴 겁니다. '그렇게 읽기 싫고 힘들면 안 읽으면 되지, 왜 그 시름을 맞아가면서 굳이 책을 읽느냐?' 하고요. 글쎄요, 뭐라고 대답해야 할까요? '흥미가 있기 때문'이라고 말할 수밖에요.

수업에 흥미를 도입하는 방법에 대해 여러 책자나 연수, 교사 커뮤니티를 중심으로 충분히 논의되는 것으로 알고 있습니다. 저는 흥미를 불러일으키는 방법보다는 좀 더 근본적으로 '흥미'라는 게 과연 무엇인가를 다루려고 합니다. 어떤 일에 대한 사람들의 참여를 좌우하는 흥미란 무엇일까요?

흥미,
현재와 목적을 연결하는 힘

지금부터 할 이야기의 출처는 교육학자 존 듀이입니다. 듀이를 이야기 자료의 원천으로 삼은 까닭은 수많은 교육학 서적들이 학습을 위해서는 흥미가 중요하다고 주장은 하는데, (아마도 제가 과문한 탓이겠지만) 교육 분야에서 '흥미 자체가 무엇인지'를 따져 묻고 답하는 사람은 듀이밖에 만나지 못했기 때문입니다. 그러니 이렇게 양해를 구하고 이야기를 시작하겠습니다.

흥미는 아이들이 타고나는 여러 가지 힘 중 하나입니다. 그런 힘들에는 웅얼거리는 능력, 이런저런 자극에 반응하는 능력, 타자의 말이나 행동을 모방하는 능력, 주변 사람들과의 상호작용을 통해 우리가 자주 사용하는 언어나 사물의 의미를 찾는 능력 등이 있습니다.

흥미를 뜻하는 영어 단어는 'interest'입니다. 대체로 '관심'이라는 뜻으로 번역되고, 사전을 찾아보면 '흥미'라고 풀이되기도 합니다. 'interest'를 파자破字해보면 'inter-est'가 되는데요, inter는 '사이', est는 영어의 be동사와 같은 것으로 '있다'는 뜻이죠. 말하자면 interest는 '사이에 있다'는 겁니다. 사이에 있을 때 흥미 또는 관심도 생긴다는 말인데, 그렇다면 무엇과 무엇의 사이에 있다는 뜻일까요? **바로 학생들의 현재 상태와 앞으로 달성하고자 하는 목적의 사이에 있다는 것이고, 따라서 현재 상태와 장차 이루고자 하는 목적을 연결하는 힘이 바로 흥미입니다.** 달리 말해 현재 상태에서 앞으로의 목적을 달성하고자 애쓰는 힘, 이것이 흥미입니다. 어떤 것에 흥미가 있으면, 그냥 있는 정도가 아니라 흥미가 높으면 높을수록 그 무언가를 이루기 위해 들이는 노력과 힘의 크기 역시 커질 것입니다. 그런 점에서 흥미는 어떤 일을 하는 데 그 사람을 얼마나 강하게 사로잡는가 혹은 참여시키는가의 정도를 재는 기준 또는 그 정도 자체가 될 수 있겠습니다.

예를 들어볼까요? 저는 달리기를 좋아해 30년 가까이 달리고 있습니다. 어렸을 때는 달리는 게 끔찍이 싫었지만 우연히 달리기의 재미를 알게 되었고, 마라톤을 해보자는 목적으로 '10km를 완주해야겠다', '하프(21km)를 뛰어야겠다', '30km 이상 롱런을 해야겠다', '풀코스(42.195km)를 완주해야겠다'라는 여러 목표를 세웠습니다. 그렇다면 달리기를 좋아하는 현재 상태와 마라톤이라는 목적 사이에는 무엇이 있을까요? 또는 그 사이에 있다는 것은 무엇을 뜻할까요? 아마도 날마다 조금씩이라도 달리는 것, 다양한 채널과 방법으로 마라톤과 관련된 지식을 찾아보고 익히는 것, 훈련 계획을 세우고 차근차근 수행해가는 것, 대회에 참가하는 것

등이 있겠죠. 이런 식으로 저는 달리기를 좋아하는 현재 상태와 마라톤 완주라는 목적 사이에 있을 것입니다. 그 사이에서 이런 일들을 할 수 있도록 추동하는 힘이 바로 흥미라는 것이죠. 마라톤에 대한 흥미가 TV 드라마를 보는 것보다 더 높기 때문에 저는 달리기 연습과 훈련에 더 많은 시간과 노력을 기울입니다. 마라톤에 대한 흥미가 있기 때문에 누군가에게는 힘들고 지루하고 지겨울 수 있는 달리기에 재미를 느끼면서 꾸준히 참여하는 게 아닐까 싶습니다.

흥미가 있다면 누가 하지 말라고 해도 스스로 찾아서 할 가능성이 높습니다. 마왕 신해철의 노래 가사 한 구절을 빌리면 마치 "열병에 걸린 어린애처럼" 말입니다. 여러분도 가만히 생각해보세요. 어떤 것에 대한 흥미 때문에 스스로 열심히 노력해본 경험이 적어도 한두 가지씩은 있지 않습니까? 배드민턴을 친다든가, 자전거를 탄다든가, 요리를 배운다든가, 여행을 다닌다든가 하는 것들 말입니다. 이처럼 흥미를 느끼는 일들을 할 때 무아無我의 경지에 들 것이며, 또한 그럼으로써 온전히 나 자신으로 존재하고 있음을 느끼지 않을까, 즉 그 일에 완전히 몰입하지 않을까 생각해봅니다.

흥미가 중요한 까닭은 바로 이것, 성적이나 체벌 등 외적 요인에 의해 부과된 강압에 의해서가 아니라 학생들의 자발적 참여를 이끌어낼 수 있기 때문입니다. 학생 자신의 지력을 활용해 학습 문제의 해결을 위해 스스로 노력하는 계기를 만들어주기 때문입니다. 그렇기에 수업을 구상하고 준비할 때 고려해야 할 일은 현재 학습자의 상황 파악을 바탕으로 그들의 흥미를 불러일으킬 수 있는 수업의 목적을 설정하고, 이를 달성하기 위한 구체적이고 능동적인 수업 내용과 활동을 고안하고 조직하는 일이라고 할 수 있을 것입니다.

학생들의 흥미를
자극하는 수업이란

듀이를 포함한 많은 교육 사상가들이 흥미의 중요성을 역설한 이래 학습 내용에 대한 학생들의 흥미는 지금까지도 매우 중요한 고려 대상이 되고 있습니다. 우리는 학생들의 학습 동기를 고취하기 위해 많은 노력을 기울입니다. 학생들이 자거나 떠드는 것보다는 우리가 하는 말에 귀 기울이고, 우리가 제안하는 활동에 참여하는 모습이 보기 좋고 만족스럽기 때문입니다. 결국은 학습자의 흥미를 불러일으키는 수밖에 없을 텐데요, 흥미가 왜, 얼마나 중요한지 깨닫게 된 계기를 들려드리려고 합니다. 부끄럽게도 저는 한

때 흥미를 고려 대상으로 삼지도 않았을뿐더러 심지어는 중요하게 생각해야 할 개념이나 용어 목록에 포함시키지도 않았습니다. 그저 '흥미=호기심' 정도로 가볍게 치부하는 정도가 전부였죠. 하지만 그게 그렇게 간단한 문제가 아니라는 걸 알게 됐습니다.

제가 학위논문을 쓸 때 관찰한 수업 사례입니다. 수업을 담당한 교사는 당시 서울 소재의 한 여자고등학교에서 2학년 학생들에게 문학 교과를 가르쳤는데요, 제가 학위논문 연구를 위해 학교로 간 날, 그는 향가 「원왕생가」를 소재로 수업을 했습니다.

잘 알고 있겠지만, 「원왕생가」는 신라 문무왕 때 광덕이라는 사람이 쓴 향가입니다. 10구로 되어 있고, 죽어서 극락 또는 불국토에 가기를 바란다는 내용의 노래입니다. 교사는 학생들과 「원왕생가」를 함께 읽고 내용 및 구조에 관해 간략하게 설명한 뒤 학생들에게 '지금 여러분이 간절하게 바라는 것'을 생각하며 자신의 「원왕생가」를 써보도록 활동을 이어나갔습니다. 조건은 간단했습니다. 첫째, 10구 또는 열 줄이라는 향가의 형식은 지키자. 둘째, 지금 자신의 삶에서 가장 이루어지기를 원하는 것을 쓰자. 제가 이 교사를 만나 수업을 관찰하고 이런저런 이야기를 나누고 듣는 약 1년 반의 시간 동안 학생들이 그렇게 진지하게 수업에, 수업을 구성하는 한 가지 활동에 참여하는 모습을 본 건 그때가 처음이었습니다. 열 줄의 향가를 쓰는 10여 분은 문자 그대로 '펜 굴러가는 소리'만 들리는 몰입의 시간이었습니다. 제가 참관한 수업 시간마다 내놓고 화장을 하는 학생이 한두 명 있었는데, 심지어 그 친구들마저 얼마나 하고 싶은 이야기가 많았는지 화장을 멈추고 진지하게 향가를 쓰더라고요. 엄마와의 관계를 회복하고 싶다, 지금보다 조금 더 큰 집에서 안정적으로 살 수 있게 돈 100만 원이 있으면 좋겠다, 원하는 대학에 꼭 가면 좋겠다……. 학생들이 자신이 쓴 향가를 읽는 동안 교실에는 말로 표현할 수 없는 분위기가 감돌았는데, 지금 생각해보면 '공감共感'이 아니었을까 싶습니다. 같은 또래 여고생들만이 겪는 어떤 경험이나 바람들에 대한…….

흥미가 학습자의 현재 상태와 장차 달성하고자 하는 목적을 연결하는, 그 사이에 있게 하는 힘이라면 제가 보기에 이보다 더 학생들의 흥미를 자극하는 또는 적극 고려하는 수업이 또 있을까 싶습니다. 학생들은 교사의 안내로 자신이 처한 현재 삶과, 향가의 내용과 구조의 이해라는 목적 사이에 들어섰습니다. 그러고는 이 사이의 한쪽 끝인 자신의 삶에 대한 진실하고 진지한 탐구와 성찰을 바탕으로 반대쪽 끝인 향가의 내용과 구조에 맞게 성찰의 결과를 솔직하게 정리해냄으로써 결국 달성해야 할 목적에 도달했습니다. 어느 한 사람도 빠짐없이, 예외 없이요. 그 수업을 보며 학생의 흥미를 고려한다는 게, 학습자의 현재와 수업의 목적을 연결하고 그 사이에 들어서게끔 한다는 게 이런 거구나 하는 걸 깨달았는데,

독자 여러분은 어떻게 보셨는지요?

시작은
학생의 관심사에 대한 이해

 교과의 구조와 개발 과정을 살펴보면 우리가 해야 할 수천, 수만 시간의 모든 수업에서 학생들의 흥미를 고려할 수는 없을 것입니다. 때로는 학생들의 현재 상태보다는 교과 자체의 목적에 충실해야 할 때도 있으니까요. 학습자의 현재가 반영되지 않은 공부가 과연 학생들에게 얼마나 의미 있게 다가갈 것인가 의문이 듭니다만, 그렇다고 하더라도 우리는 '흥미'의 개념, 원뜻을 잊어서는 안 되겠습니다. 지금-여기의 경험의 의미를 찾고 깨쳐가면서 다음 경험을 준비하고 또 경험하는 지속적인 경험의 과정 속에서 학생들은 성장하는 법인데, 교과의 논리에 따른 추상적인 흥미 또는 교과를 개발한 다른 사람의 흥미를 학습자에게 강제하고 강요하는 것은 그들에게 자신이 가진 성장의 힘을 스스로 이끌어낼 기회를 차단하는 것이나 마찬가지 아닐까 생각하기 때문입니다. 그런 거라면 공부라기보다는 아주 고통스럽고 고역스러우며 기계적인 노동과 다를 바가 없을 것입니다.

결국 학습자의 흥미를 고려할 때 중요한 것은 지금 공부해야 할 교과와 관련하여 학생들의 현재 상태를 어떻게 진단하고 이해할 것인가 하는 걸 텐데요, 미분에 관한 공식이, 분수의 사칙연산에 대한 이해가, 한글 맞춤법을 제대로 알고 사용하는 것이 지금-여기에서 자신이 관심을 가진 어떤 활동의 결실을 얻는 데 중요한 역할을 한다는 것을 학습자가 알게 하는 것, 그걸 깨닫게 하는 기회를 제공하는 것, 즉 학습자의 흥미가 모든 공부의 자료이자 출발점이 될 것이기 때문입니다. 교과가 외부의 강압에 의해 단지 교과로서 제시되는 게 아니라, 현실은 그럴지 몰라도 교사들의 해석과 전유의 노력에 의해 학생들의 삶에 유의미한 것으로 제공될 때 공부의 효과는 배가 되지 않을까요?

요즘 들어 교사에게 '연구자가 되어야 한다'는 말을 여기저기서 많이 듣는데요, 대체로 '스스로 교육과정을 개발 또는 생성할 수 있을 정도의 전문성을 갖추어야 한다'는 말로 이해되는 것 같고, 저 또한 동의하는 바입니다. 여기에 한 가지 더 추가하고 싶습니다. 흥미는 학습하는 힘이 성장해간다는 신호이자 징후인 만큼, 따라서 모든 교육 활동은 학생의 관심사에 대한 이해에서 시작되어야 하며 이는 교사가 학생을 면밀하게 관찰하고 연구하지 않는 한 요원한 일이 될 것이라는 점입니다. 교사가 연구자가 되어야 한다는 말은 어쩌면 학생을 이해하는 일과 관련해서도 생각해볼 수 있을 것 같습니다.

물론 학생들의 학습을 둘러싼 변수들이 너무나 많은데다 사회적 상황 또한 워낙 복잡해서 학습에 관한 여러 문제나 측면을 '흥미'의 관점으로만 설명하거나 관측하는 것은 무리가 있다는 거 잘 압니다. 교육이, 교육을 구성하는 한 요소인 학습이 그처럼 아주 많은 것들로 이루어진 매우 복잡한 행위이기 때문이죠. 이 글에서만 하더라도 (학습)문제, 교과, 공부, 수업의 목적과 목표, 성장, 학생의 이해 등 '각 잡고' 따지고 들어 검토해야 할 문제적 용어와 개념들을 여럿 사용했습니다. 그 외 학습자와 교수자의 관계, 학습에서의 사고와 경험 등 우리가 숨 쉬듯 밥 먹듯 사용하지만 깊이 생각해본 적은 별로 없는, 그래서 한 번쯤은 진지하게 묻고 대답할 필요가 있는 것들도 많습니다. 그 요소들을 하나씩 하나씩 떼어서 무엇인지 살펴보고 물어보고 대답해보는 게 이 책의 목적이니 잠시만 숨을 고르고 우선은 '흥미'에만 집중하면 좋겠습니다. 흥미 또는 관심과 함께 공부다운 공부가 시작되니 말입니다.

말은 그렇게 해도 매번 학생과 교과의 목적 사이에서 공부해야 할 내용의 의미와 가치를 읽어내고 준비하는 일에 성공하는 것은 아닙니다. 아니, 어쩌면 실패하거나 때로는 흥미에 대한 자각 없이 습관대로 학생들과 만나는 일이 더 잦다고 해야 맞을 것 같습니다.

그런 점에서 이 글은 제 자신한테 하는 독백 또는 주문일지도 모르겠습니다. 독자 여러분은 어떤지 궁금합니다. 우리 아이의, 학생의 흥미를 고려하여 공부를 시키고 수업을 준비하며 흥미가 향하는 목적을 달성하기 위해 교과를 활용하는지, 아니면 교과 지식 습득 그 자체에 주목하는지요?

2

교육철학

부끄러운 고백으로 이야기를 시작하겠습니다.

교육 사상가이자 실천가인 이오덕을 공부하고 따르면서 그의 교육 사상을 실천하는 단체가 여럿 있습니다. 한국 교육사에서 듀이와 마찬가지로, 그러나 약간 다른 의미에서 학생들의 삶이 공부의 뿌리임을 설파한 이가 바로 이오덕입니다. 이오덕은 일제강점기였던 1925년에 태어나 해방 이후 국민학교(현 초등학교) 교사로서 학생들과 교학상장하고 동고동락하며 자신의 교육을 펼치고, 그 과정에서 겪고 느끼고 배운 것을 정리해 자신의 고유한 교육 사상과 실천 방법을 형성하고 공유하면서 해방 이후 한국 공교육의 질적 변환을 이끌었습니다. 하지만 이와 같은 실천가로서의 면모를 가진 까닭에 제도와 학자 중심의 서술 방식을 취하는 국내 교육사학계에서는 잘 다루어지지 않았는데요, 하지만 굵직굵직한 교육 관련 정책이나 단체에서 이오덕의 흔적을 찾지 못하는 게 더 어려울 만큼 그는 한국 교육사에서 매우 중요한 의의를 갖고, 또한 매우 중대한 위치를 차지하는 인물입니다.

그가 교사로서 학생들을 마주할 당시 한국의 공교육은 국가 주도로 운영됐는데요, 정부가 교육의 이념으로 내세운 것은 민족·민주·전인교육이었습니다. 민족·민주·전인이라……. 이오덕이 보기에 이는 아무런 뜻도 의미도 가지지 않는, 무엇보다 지금-여기를 살아가는 학생들의 처절하면서도 치열하고 나아가 절박하기까지 한 삶을 전혀 고려하지 않는, 그들의 인간다운 삶을 전혀 존중하지 않는 공허한 말장난이었습니다. 그래서 그 역시 학생들의 삶을 주목할 것을 주장합니다. '삶을 가꾸는 교육', 이게 이오덕이 이제껏 개진한 자신의 교육 사상과 실천을 담아 만들어낸 교육의 지향점입니다. 이를 통해 이오덕은 학습자가 자신의 삶을 똑바로 직시함으로써 그 삶을 있는 그대로 받아들이되 더 나은 삶을 향해 기투함으로써 인간적인, 인간다운 삶을 지향하는 것이 결국 공부요, 교육의 목적임을 주장했습니다. 어딘가 듀이와 닮은 부분이 있는 것 같은데 여러분은 어떻게 느끼셨나 모르겠습니다.

아무튼 젊은 시절, 교육에 대해 제 나름대로 고민하던 저는 그중 한 단체에 가입해 활동했고, 회원들이 학생들을 지도하고 가르치는 방식을 따라 해보려고 했죠. 그러다 사달이 났습니다. 그간의 억압적이고 폭력적인 교육 관습에서 벗어나 학생들의 특성과 본성을 존중하는 교육을 하려는 회원들의 실천과 그 의미를 깊게 고민하지도 않은 채 그저 흉내만 낸 거였거든요. 제가 맡은 6학년 반 아이들의 생활이 심하게 흐트러지기, 아니, 망가지기 시작했고 급기야 입에 담기도 힘든 끔찍한 학교 폭력 사건이 벌어졌습니다. 결과적으로 잘 수습은 됐지만 그 과정에서 저는 물론 해당 학생들과 학부모들도 엄청난 상처를 받았고 고통을 겪어야 했습니다.

왜 그랬을까. 그때는 몰랐지만 지금 생각해보면 아마도 그와 같은 실천을 나도 해야 하는 것에 대한 정당하고 타당한 이유와 그에 따른 방법이 없었기 때문이지 않을까 싶습니다. 달리 말하면 제 교육철학이 없었기 때문에 그런 일이 벌어지지 않았을까 생각합니다.

철학은 우리의 사고와 행위 이면에서 작동하면서 우리로 하여금 각기 다른 세계를 구성할 수 있도록 하는 막강한 힘을 가지고 있습니다. 신을 믿는 중세 철학자와 인간의 이성과 합리성을 믿는 현대 과학자를 생각하면 쉽게 이해할 수 있을 겁니다. 그러니 같은 형태의 실천이라도 누군가에게는 성공적인 세계를 건설하게 했지만, 저 같은 사람에게는 처절하리 싶을 만큼 폐허의 세계를 구성하게 했겠죠. 우리는 모두 이런 철학을 가지고 세계의 구성에 참여하고 있고, 마찬가지로 교육철학을 가지고 교육에 관한 이런저런 이해와 실천을 만들어가고 있을 것입니다.

자, 그렇다면 내가 가진 교육을 보는 관점과 그에 대한 신념은 무엇일지 같이 점검해볼까요? 요즘 불고 있는 인문학 열풍으로 좀 덜해진 것 같습니다만, 보통 '철학' 하면 아주 따분하고 복잡한 말놀이이거나 아니면 개인의 우격다짐식 신념이라고 생각하는 경우가 왕왕 있는 것 같습니다. 이런 오해에서 벗어나려면 우선 철학이 무엇인지, 교육철학은 또 무엇인지 개념을 살펴보는 일부터 시작하는 게 좋겠습니다.

철학이라는 세계

철학에 대한 한 가지 정의는 시대 문제의 체계화요, 그에 대한 답변이라는 겁니다. 인간의 삶이, 또 그들이 만든 사회집단이 다양한 만큼 그(것)들 사이에는 아주 셀 수 없을 만큼 많은 관계가 형성됩니다. 협조나 갈등, 반목과 대립 같은 것들이 그 예가 될 수 있겠죠. 집단이 다르면 삶의 양식과 경험이 달라질 것이고, 각 집단의 가치 체계나 그들이 중요하게 생각하는 삶의 방식, 그 집단의 사유를 지지해주는 자료 따위도 마찬가지로 달라질 겁니다. 가령 과학자 집단과 종교인 집단의 입장이 다를 거고, AI를 지지하는 집단과 그에 반대하는 사람들의 그것 또한 다를 것입니다.

이처럼 인간들, 또 사회들 사이에 형성되는 다양한 관계들을 어떻게 보고 이해할 것인가, 그 관계들을 변화시키거나 더욱 발전시키기 위해 무엇을 어떻게 해야 할 것인가를 묻고 답하는 것이 곧 철학이라는 말입니다. 달리 말해 그 시대가 나아가야 할 일종의 행위 지침이자 또한 그 시대의 사회를, 인간의 행위를 이해하는 과정에서 탄생한 산물이 바로 철학이라는 거죠. 요즘 같으면 작금의 과학기술과 정보통신기술이 야기한 다양한 현실들, 사실들이 우리 삶이 나아가야 할 방향과 관련하여 요구하는 바가 무엇인지 질문하고, 그에 대해 치밀하게 숙고하는 것이 곧 철학이 해야 하는 일이겠군요.

그렇게 철학은 우리가 발 딛고 살아가는 이 세계를 이해하고 변화시키기 위한 치열한 노력과 탐구라는 점에서 우리 삶과 대단히 밀접한 관련이 있는 학문이라고 할 수 있습니다. 그 안에서 사용되는 존재니 주체니 의식이니 계급이니 물질이니 지식이니 하는 개념들이 뜬구름 잡는 것처럼 추상적이고 공허하게 느껴져서 현실과 따로 노는 학문인 것처럼 여겨지기는 하지만요. 세계를 이해하는 관점이 달라지면 철학이 달라지고, 반대로 철학이 달라지면 세계는 다르게 이해됩니다. 이는 우리 삶에 대해서도, 또 사회의 변화 방향에 대해서도 서로 다른 해법을 제시하게 만들겠고요.

제 방식대로 다시 이야기하면 이렇습니다. 철학이란 첫째, 현상을 해석·실천하는 '개념적 도구'를 선택하는 것입니다. 우리는 내 주변에서 일어나는 현상들, 사건들의 의미를 찾고 그 가치를 판단하면서, 또 그 결과에 따른 행위를 실천하면서 삶을 살아갑니다.

가령 제가 수업 시간에 집중 안 하고 떠드는 아이들을 타이르고 야단치는 것처럼요. 이는 저와 아이들의 관계를 좀 더 나은 방향으로 발전시키기 위한 목적에서 하는 일이고, 여기에는 아이들의 떠드는 행위가 바람직하지 못하다는 판단과 그에 따른 실천이 얽혀 있습니다. 저는 왜 야단을 쳤을까요? 제 수업의 목적이 무엇이고, 그 아이들은 제 수업 목적에 어떻게 반하였기에? 어쩌면 저는 알게 모르게 수업은 '숭고'한 것이고, 따라서 학생과 교사는 서로에 대한 '염려'와 '심려' 속에서 '성장'을 위해 노력해야 한다는 생각을 가지고 수업에 임하고 있었을지도 모릅니다. 또 어쩌면 학생은 교사에게 '예禮'를 갖추어야 한다는 생각이 있었을지도 모르고요. (혹시 눈치 채셨나 모르겠습니다만 '숭고'는 칸트, '염려'와 '심려'는 하이데거, '성장'은 듀이 그리고 '예禮'는 공자와 순자 철학의 주요 개념입니다.)

하지만 야단을 치는 것으로 끝나는 것은 아닙니다. 비율이 적기는 해도 때때로 수업 시간에 제가 한 언행을 돌아보기도 합니다. 내가 아이들의 상황을 충분히 헤아리지 않고 내 입장에서만 이해한 채 섣부르게 그 결과를 적용한 것은 아닌가, 늘 눈엣가시 같았던 몇몇 아이들만 집중적으로 야단치고 나머지 아이들한테는 관대했던 것은 아닌가 하는 생각도 해보고요. (네, 이런 반성에는 사르트르의 '상황' 개념과, 명시되지는 않았지만 헤겔의 '미네르바의 부엉이' 개념이 활용되었군요.)

제가 맞닥뜨린 어떤 상황에 대처할 때, 그 대처 방식에 대해 성찰할 때, 이 성찰을 통해 삶의 태도를 새롭게 하고자 할 때 의식적·무의식적으로 쓰이는 것이 결국은 제가 선택한 개념적 도구들이고, 이는 제 삶의 철학에 따라 선택된 것들입니다. 제 사례를 들기는 했지만, 이런 개념적 도구들을 활용할 때 저라는 한 개인이 수업을 통해 지향하는 사회적 목적을 좀 더 체계적으로 돌아보고 비판할 수 있지 않을까 생각합니다. 물론 제가 다른 개념적 도구들을 선택했다면 아이들의 행동, 저의 언행은 전혀 다른 관점에서 이해됐을 것이고, 저는 다른 방식으로 제 실천을 만들어갔을 것입니다.

둘째, 그 개념적 도구를 사용해 현상을 해석·실천함으로써 현실을 만들어가는 것입니다. 가령 플라톤의 철학을 기조로 삼느냐 듀이의 철학을 기조로 삼느냐에 따라 우리의 교실, 우리 아이들의 삶은 크게 달라질 수 있습니다. 만약 플라톤을 따른다면 아이들 개개인의 개성과 특성은 인정하되 그 각각을 범주화하고, 심하면 '급'을 나누고 위계를 두어 학급을 운영하고 또 그걸 당연하다고 생각할 겁니다. 반면 듀이를 따른다면 아이들의 서로 다른 특성과 개성에 따른 다양한 경험들을 공유하고 소통하는 장을 만듦으로써 서로 배우고 가르치고, 이를 통해 경험을 넓히고 성장을 추구하는 데 중점을 두겠고요. 요컨대 철학이란 어떤 개념적 도구들을 선택해서 어떤 삶을 만들어갈 것인가에 관한 근거라고 할 수 있을 것 같습니다. 이는 사회적 상황에도 마찬가지로 적용할 수 있습니다. 가령 생태와 환경을 택하느냐, 인간중심주의와 발전을 택하느냐에 따라 그 사회의 삶의 결은 사뭇 달라지지 않을까요?

자신만의 교육철학을 갖는 것의 중요성

이 글을 쓰다가 최근에야 알게 된 사실인데, 듀이의 이야기에 따르면 철학은 '교육의 일반이론'이라는군요.[1] 한마디로 철학 자체가 항상 이미 교육철학이란 말입니다. 철학이 생겨난 것은 교육과 관련한 질문에 답을 하기 위해서랍니다.

고대 그리스에서 활동했던 일종의 순회 교사인 '소피스트'들은 자연에 관한 지식과 그 탐구 방법('자연철학'이라고 합니다)을 적용해 인간의 삶을 이해하려 했고, 그 과정에서 젊은이들에게 덕·정치·도시·가정 관리 등과 관련한 지식들을 가르쳤습니다. 인간의 삶에 자연철학적 사고를 적용하면서, 또 젊은이들을 가르치면서 소피스트들은 다음과 같은 질문을 던졌다고 합니다.

덕, 또는, 어떤 특정한 분야에서의 탁월성이라는 것은 무엇인가? 학습은 지식과 관계가 있는가? 그렇다면 지식은 무엇인가? 지식은 어떻게 하여 얻어지는가? 감각을 통하여, 그렇지 않으면 모종의 행동을 수련함으로써, 그것도 아니면 예비적인 논리적 훈련을 거친 이성에 의하여 얻어지는가? 학습이라는 것은 모르던 것을 알게 되는 과정이므로, 그것은 곧 무지에서 지로, 텅빈 상태에서 가득찬 상태로, 결함에서 완벽으로, (…) 넘어가는 것을 의미한다. 이 '넘어가는 것'이 어떻게 가능한가? 변화라든가 생성이라든가 발전이라는 것은 정말로 가능한가, 만약 그렇다면 어떻게 가능한가? 이런 질문들이 대답된다고 하면, 가르치는 것, 아는 것과 덕 사이에는 어떤 관계가 있는가?[2]

평소 우리가 학생들과 하는 이런저런 일들에 대한 질문이군요. 소피스트들의 질문은 분명히 교육의 문제와 겹치는 지점이 있습니다. 앞서 말한 것처럼 철학이 한 시대의 삶의 모습과 방향에 문제를 제기하고 그에 대한 답을 찾고자 하는 노력이라면, 교육철학은 이와 같은 교육적 실천과 관련한 문제들을 체계화하고 그걸 풀어가는 과정에서 내놓은 답변이라고 할 수 있겠습니다. 소피스트들의 철학이 '교육에 관한 일반이론'이라는 말은 그렇게 이해할 수 있을 것입니다.

위의 질문들이 나중에는 존재론·인식론·논리학·윤리학 등 철학의 전문 연구 분야로 분화되면서 교육과는 멀어지기는 했지만 우리는 여전히 철학 본래의 질문, 즉 교육과 관련한 질문으로 마땅히 되돌아갈 수 있고 되돌아가야 하며 또한 그에 대한 답을 구해야 할 것입니다. 나, 우리 학교, 우리 사회와 교육과의 관계를 둘러싼 문제를 체계화해 질문하고, 그에 대한 대답을 제출하며, 나아가 교육이 나아가야 할 방향을 제시해야 할 것입니다. 그래야 현재의 교육 행위, 교육 실천을 근원적·근본적 수준에서 정당화해줄 수 있을 것이기 때문입니다. 또한 그에 대한 비판을 통해 변화의 방향을 제시해줄 수 있을 것이기 때문입니다.

제 짧은 식견에서 볼 때 교사 한 사람 한 사람에게 교육철학이 필요하고 중요한 까닭은 바로 이것인 것 같습니다. 나의 독특한 교육 행위, 교육 실천의 정당화·타당화. '왜 이런 교육을 하는가?'라는 질문에 대한 대답. 교육에 관한 타당한 문제 제기와 그에 따른 질문 그리고 개념적 도구를 활용한 치밀한 사유와 실천, 이를 통해 도출된 나름의 정당한 대답.

저는 교사 교육과정에 관심이 많은데요, 그에 관해 이런저런 공부를 하면서 교사 교육과정은 그 교육과정을 만든 교사가 국가 교육과정에 대한 해석을 통해 나름대로 구성한 독특한 교육 세계를 표현하는 것이라는 생각을 하게 되었습니다. 그리고 그 안에는 그 교사 특유의 교육 목적과 목표, 교육적 신념, 교수법 등이 들어 있을 거고요. 이처럼 교사가 발견하고 형성한 고유하고 독특한 교육 세계를 지탱하는 힘, 그것이 교사의 교육철학이라고 생각합니다. 따라서 자신의 교육 세계를 형성하고 구축하려는 교사라면 반드시 자신의 교육철학을 가지고 있어야 할 것입니다. **자신의 관점에서 교육의 문제를 체계화하고, 이를 이해하고 풀어갈 수 있는 개념적 도구를 선택하며, 이를 활용해 자신의 교육 현실을 만들어가야 할 것입니다.**

긍정의 교육철학

누군가는 저한테 이렇게 질문할지도 모르겠습니다. '당신의 교육철학은 무엇입니까?' 하고요.

제 교육철학을 설명하는 핵심 개념은 '긍정'입니다. 상식적으로 쓰이는 '좋은 게 좋은 거다', '좋게 생각해라', '이래도 좋고 저래도 좋다'라는 뜻이 아니라 내가 처한 상황에 대한 비판적 이해를 통해 기존의 것과는 다른 시각과 관점에서 스스로의 힘으로 판단하는 것, 그 판단을 실천하는 것, 그것이 제가 생각하는 긍정입니다. 다른 말로 표현하면 '수처작주 입처개진(隨處作主 入處皆眞, 이르는 곳마다 주인이 되면 서 있는 곳 모두가 참되다)'의 삶[3]입니다. 마주치는 상황마다 주인이 되어 그 상황에 따른 참된 앎을 얻고 참된 삶을 살라는 뜻이죠. 남의 눈으로 보고, 남의 눈으로 판단하고, 남의 삶을 실천하면 아무리 화려해도 다 꾸밈이고 거짓이라는 얘기입니다. 제가 담임을 하든 교과 전담을 하든, 연구자의 지위를 가졌든 교사의 지위를 가졌든 어디서든 주인이 되어 내 힘으로 생각하고 판단해 바람직한 교육적 삶을 실천하는 것. 제가 처한 바로 그 상황에서 바람직한 교육을 찾는 것. 그게 제가 공부를 통해 얻은 긍정의 개념이고, 그렇게 하자는 것이 제 교육철학입니다.

예컨대 아이들의 일탈 행동을 '사랑과 관심의 부족'으로만 수렴시키는 기존 교육심리학의 주장을 잠시 내려놓고, 그걸 둘러싼 상황을 면밀히 살펴보고 따져봄으로써 제힘으로 판단하고 결론을 내려 제 나름의 교육적 처치를 하는 것, 그게 제 교육철학에 따른 실천입니다. 그게 옳든 그르든, 또 날마다 성공하는 것은 아니지만, 어쨌든 그렇게 살려고 제 나름대로 노력하고 있습니다. 같은 공간에서 같은 자료로 학생들을 만나지만 '각자의 교육 세계'를 구성하는 것이 중요하고 필요하다는 말입니다. 저뿐만 아니라 제가 만나는 학생들에게도 그런 삶을 살 수 있도록 기회를 만들고 제공하는 것은 물론이고요.

어쩌다 이런 생각을 하게 됐냐고요? 이 꼭지 처음에 했던 고백을 기억하시죠? 그 일 이후 박사 공부 과정 중 제가 소속했던 단체에서 활동하는 학교 교사 몇몇을 만나 그들의 실천을 두 눈으로 직접 보고 교육 경험에 관한 이야기를 들을 기회를 가졌었는데, 그때 깨달았습니다. 누구를 공부하고 어떻게 행동하며 무엇을 실천하든 내가 중심이 되어야 한다는 사실을요. 다르게 말하면 겉으로는 같아 보일지도 모를 그 앎과 행동과 실천에 '나의 의미'를 채우라는 말입니다. 그럴 때 비로소 내 것이 될 수 있고, 내가 주인이 되어 그것을 이해하고 조절하고 통제할 수 있기 때문, 달리 말해 '참되게' 실천할 수 있기 때문입니다. 이런 일들을 겪고 그 의미를 생각해가는 과정에서 오랜 세월에 걸쳐 천천히 형성된 것이 제 '긍정의 교육철학'이라고 할 수 있겠습니다.

독자 여러분의 교육철학은 무엇인가요? 고유한 교육철학의 발견과 실천을 통해 여러분만의 독특하며 특이한 교육 세계를 구성해나갈 것을 진심으로 응원합니다. 여러분의 교육이 나아갈 방향과 힘을 잃지 않기를 바랍니다. 언제 한번 교육철학 이야기 꼭 들려주세요!

3
===

성장

교육 하면 생각나는 것들이 많죠? 배움, 가르침, 교수 방법, 교육 내용, 평가, 창의, 인성, 생활 습관 형성……. 음, 요즘 같으면 의대도 있겠군요. 어쩌면 그렇게 너무 많아서, 또 너무나 많은 걸 기대해서 열거하자면 한도 끝도 없는 게 교육과 붙어 다니는 말들일지도 모르겠습니다. 다 좋습니다. 하지만 우리가 교육을 이야기할 때 빼놓으면 안 될 말이 하나 있는데요, 제가 생각하기에는 '성장'입니다. 그렇죠. 교육은 우리가 만나는 학생들을 어떤 방향으로든 더 나은 사람으로 성장시키기 위해 하는 것이죠. 그 방편이 교과교육이든 창의적 체험활동이든 창의·인성교육이든 또는 그 밖의 다른 무엇이든 말입니다.

이런 생각이 자의적이거나 저 혼자만의 사견이 아닌 게 구글에서 '교육'과 '성장'을 함께 검색해보면 "성장을 지원하는"이라는 문구가 들어간 여러 학교들의 교육계획서가 출력됩니다. 또 윤건영 충북교육감은 학력 향상 프로그램을 통한 맞춤형 학력 향상 지원과 함께 한 뉴스 매체에서 "장기적으로는 다차원 학생 성장 플랫폼을 구축해 학습 이력을 관리하는 맞춤형 피드백으로 학생들의 성장을 도모하고자 합니다"라고 이야기한 바 있습니다. 강원도에서는 '강원학생성장 진단평가'를 실시했다고 하고, 서울의 모 초등학교에서는 20여 년 전인 2003년부터 교육복지사업을 통해 '학생 성장을 위한 맞춤형 통합지원'을 실천해오고 있다는군요. 경기도교육청의 평가 정책은 '성장중심평가'인 모양입니다. 「2022 초등 성장중심평가 길라잡이」라는 자료집을 만들어 배포한 걸 보면요. 사실 제가 소속해 있는 시도에서도 3년 전인 2022년까지 '과정 중심 성장 지원 평가'라는 이름으로 평가 정책을 폈습니다. 지금은 이름이 달라졌지만요. 이 사례들에서 알 수 있다시피 교육이 학생의 성장에 큰 관심을 가지고 있다는 것, 따라서 교육과 함께 떠올려야 할 말들 가운데 성장이 있음은 틀림없는 사실인 것 같습니다.

그런데 혹시 그런 의문은 가져보지 않으셨는지 궁금합니다. 여기저기서 성장을 이야기하고 또 교육을 통해 학습자의 성장을 지원하겠다고는 하는데, 도대체 성장이 무엇인가 하는 것 말입니다. 성장이란 뭘까요? 교사가 아이들의 성장에 도움을 주어야 한다는 말이 무슨 뜻일까요? 교육이, 교육정책이 학습자의 성장을 추동하고 지원해야 한디는 것이 무슨 뜻일까요?

몸이 자라고 지식이 늘어가는 것, 또 할 수 없었던 것을 할 수 있게 되고 안 하던 것을 하게 되는 것, 그러면서 전과는 달라지거나 전보다 나아지는 것. 그런 게 우리가 익히 알고 있는 교육을 통한 성장에 대한 통념인데, 그렇게 상식대로 이해하자니 뭔가 석연치 않습니다. '정말 그렇게 단순하게 이해하고 사용해도 되나?' 하는 생각이 속에서 끝없이 올라옵니다. 앞서 이야기한 여러 교육정책들에서 사용한 '성장'이란 말에 우리의 통념을 대입해보기 바랍니다. 어떤가요, 명확한가요?

저는 여기저기서 성장이란 말을 들을 때마다 묘한 위화감을 느꼈는데, 아마도 이 때문인 것 같습니다. 사람들이 교육을 말하면서 입에 달고 사는 성장이란 단어의 의미가 명확하지 않다는 것.

요약하면 성장을 그렇게 단순히, 통상적으로, 상식적으로 이해하고 그 말 그대로 받아서 쓰는 것으로는 뭔가 2% 부족하다는 것입니다. 다른 사람들이야 그렇게 쓰더라도 적어도 그걸 중요한 업으로 삼아야 할 우리는 나름대로 그 뜻을 이해하고 구성하고, 그렇게 해서 교육 활동에 전유하는 것이 좋겠다는 게 제 생각입니다. 다른 것도 아니고 배움과 가르침의 상호작용 속에서 인간이 되어 가는, 또 삶의 주인이 되어 가는 교육이라는 숭고한 행위가 지향하는 것인데 그 정도 노력은 해야 하지 않을까요? 그래야 그런 성장에 맞갖은 자신의 고유한 교육 세계를 펼쳐갈 수 있지 않을까요? 또한 자신의 교육 세계가 추구하는 성장을 명확히 할 수 있지 않을까요?

더 나은
방향으로의 성장

성장에는 더 성장하는 것 이외의 다른 목적이 없으며, 따라서 교육에도 더 교육받는 것 이외의 다른 고려사항이 없다.[4]

혹시 이런 말 기억하시나요? 가만히 기억을 더듬어보면 정확한 문구까지는 아니더라도 이 비슷한 내용을 교육학 수업 시간에 들었던 게 생각날 겁니다. 듀이가 한 말인데요, 교육의 목적은 교육 그 자체임을, 달리 말해 내가 지금 이 교육에 참여하는 목적은 더 심화된 교육으로 이어가기 위함임을, 그렇게 끊어짐 없이 교육에 참여하는 행위를 이어가는 것 자체가 교육의 목적이라는 뜻으로 이해할 수 있습니다. 이와 같이 면면히 이어지는 교육의 과정 속에서 우리는, 또 학생들은 성장하게 되고, 성장의 목적은 마찬가지로 더 성장하는 겁니다. 말하자면 *성장*은 교육이 가진 다양한 측면들 가운데 하나라는 얘기죠. 그런 점에서 교육과 성장은 떼려야 뗄 수 없는 관계에 있고요.

성장에 필요한 으뜸 조건이 하나 있습니다. 아직 성장하지 않은 상태, 즉 '미성숙'입니다. 이미 다 성장한 성체는 더 이상의 성장이 필요 없을뿐더러 더 일어나지도 않을 것이기 때문이죠. '다 성장했다'라는 말은 결국 어떤 경로로든 갖출 것은 다 갖췄다, 더 성장할 것이 없다, 달리 말해 성장이 '완성'됐다는 말과 다르지 않습니다. 옛날 무협영화식 대사로는 '하산'해도 될 경지에 이른 셈입니다.

하지만 거꾸로 생각해봅시다. 그 말은 성장의 가능성이 더는 없다는 말인데, 누군가에게 '당신은 더 이상의 성장 가능성이 없는 사람'이라는 말을 들으면 기분이 어떨까요? 여러모로 한계가 있는 신체적 성장이야 멈출 수밖에 없다손 치더라도, 흔히 한계가 없다고 여겨지는 지적·도덕적·인격적 성장 등 다른 영역에서까지 더 성장할 가능성도 없고 그럴 필요도 없다는 얘기를 들으면 솔직히 기분이 좋을 것 같지는 않습니다. '앞으로 당신은 내리막길만 남았습니다'라는 말의 다른 표현이나 마찬가지이기 때문입니다. 이렇듯 성장이 지향하는 것은 비非성장이며, 성장의 목적은 더는 성장하지 않는 것일까요? 성장의 으뜸 조건인 미성숙을 이와 같이 상식적으로 이해하고 사용하면 이런 모순이 생기는군요.

그렇다면 성장의 본래 목적인 '더 성장하는 것'을 추구하려면 미성숙을 어떻게 이해해야 모순에 빠지지 않을 수 있을까요? 음, 앞으로 '성장할 능력이 있다'는 뜻으로 이해하면 어떤가요? 그렇게 생각하면 우리 인간의 미성숙은 두 가지 특징을 갖게 되는데요, 의존성과 가소성이 그것입니다.

의존성에 대해 먼저 얘기해보겠습니다. 미성숙한 사람은 당연히 둘레의 보살핌에 의존해야 합니다. 특히 인간은 진화 과정에서 뇌를 키우는 바람에 다른 생물보다 미성숙에 의한 의존성이 더욱 심화되었습니다. 그래서 어느 정도 스스로 움직이고 생각할 수 있을 때까지는 주변의 도움을 받아야 하죠. 태어나고 두 시간 지나 걸어다니는 송아지나 망아지를 생각해보면 쉽게 이해할 수 있을 겁니다. 그런데 이 외에도 의존성에는 또 다른 측면이 있습니다.

우리 인간은 아이들에 대한 보살핌을 통해, 또 보살핌을 위해 서로 협동하고, 아이들은 그런 어른들의 행동을 배우게 됩니다. 실제로 사회집단 형성의 계기가 처음 태어나서는 아무것도 할 줄 모르는 아이들을 키우기 위해서였다는 주장이 인류학 한편에는 있습니다. 좀 더 나아가보겠습니다. 우리가 '인간'이라고 할 때 그 한자어 표기는 '人間'입니다. 한자어에서 볼 수 있듯 '사람 사이'에 있어야 비로소 인간이 될 수 있다는 얘기죠. '人' 역시 사람과 사람이 서로 기대고 있는 모습을 형상화한 것이고요.

그 예가 소설 『정글북』의 주인공 모글리처럼 실제로 늑대에게 길러진 아말라와 카말라 자매입니다. 이 아이들이 발견되었을 때 동생 아말라는 2살, 언니 카말라는 7살가량이었는데, 네 발로 걷고 늑대 울음소리를 내며 날고기를 먹었다고 합니다. 발견된 이후 인간 사회에서 살게 되었는데, 아말라는 약 1년쯤 살다가 죽었고 카말라는 9년 정도 살다가 16살 즈음에 죽었습니다. 그동안 인간 사회의 예의범절과 언어를 배웠는데요, 카말라는 약 300개 내외의 단어를 익혔고 3~4세 정도 아이들이 구사하는 수준으로 말을 했다고 하는군요. 자연 상태에서는 저절로 '사람'이 되지 않으며, 적절한 양육과 교육이 필요함을 입증하는 사례로 자주 회자됩니다.

이쯤 하면 제가 하고 싶은 말이 무엇인지 눈치채셨겠죠? 그렇습니다. 사람은 사회적 존재, 즉 서로 의존하며 살아가는 존재라는 말입니다. 이때 의존이란 일방적 의존이 아니라 상호 의존이란 얘기고요. 아이들은 어른들을 보고 따라 하면서, 어른들은 또 어른들대로 아이들의 옹알이와 행동을 보며 그 의미를 이해하고, 주변 사람들과 힘을 합쳐 아이들을 기르면서 살아갑니다. 그렇게 서로서로 의존하면서요.

그런 점에서 아이나 어른이나 미성숙한 건 마찬가지이고, 그 말은 모두가 성장 가능성이 있다는 말입니다. 실제로 인간은 서로의 경험을 나누고, 그에 공감하고, 그 경험들을 반추하고 성찰하면서, 상대의 경험을 통해 간접경험을 하고 또 서로의 경험에 참여하면서 그렇게 성장합니다. 그래서 공자가 이런 말을 했습니다. "獨學而無友(독학이무우) 則孤陋而寡聞(즉고루이과문)". 공부를 하긴 하되 함께하는 사람, 도반이 없으면 고루해지고 견문이 좁아진다는 말입니다. 그래서 아이들에게든 어른들에게든 또래 집단, 동료 집단이 중요한 것 아닐까요? 경험을 함께 나누고 만들어갈 수 있는 그런 집단 말입니다. 요즘 유행하는 '연구회'나 '학습 공동체'가 그 예가 될 수 있을 거고요.

미성숙의 두 번째 특징은 가소성입니다. 가소성은 원래 '힘을 받으면 그 형태나 성질이 변하는 성질'을 뜻합니다. 예로 '뇌가소성'이나 '신경가소성' 같은, 의학 분야에서 쓰이는 말을 들 수 있는데요, 이는 뇌가 스스로 신경 회로를 바꾸는 능력을 말합니다. 참고로 가소성은 한 번 변하면 변하기 전의 모습으로는 돌아가지 않는 '비가역성'을 포함합니다.

교육 분야에서는 "경험을 통하여 학습하는 능력"[5], 즉 이전 경험에 비추어 현재와 앞으로의 행위를 수정하는 능력으로 이해하면 어떨까 합니다. 학습을 한다는 것은 결국 앎과 지식의 습득과 실행, 행위의 수정 등을 통해 내가 비가역적인 방향으로 변화한다는 것을 함축하고 있기 때문입니다. 과거에 어떤 일을 할 때는 그게 최선인 줄 알았지만 그 방법보다 더 나은 방법을 알게 되었을 때, 더 나은 방법으로 하게 되었을 때 과거의 방법이 얼마나 어리숙했는지 깨닫게 된 경험이 한두 번씩은 있을 겁니다. 그럼 과거의 그 방법으로 다시는 돌아가지 않을 겁니다. 그러면서 더 나은 방법은 없나 또 찾아볼 것이고, 혹여나 그런 방법이 있다면 배우려고 노력할 겁니다. 그렇게 계속해서 경험을 재조정하고 재구성해갈 것입니다. 경험을 통해, 경험에서 배우겠죠.

네, 맞습니다. 이를 반복하면 자연스레 생기는 것이 학습 습관입니다. 결국 가소성이란 지속적으로 더 나은 습관을 형성할 수 있는 능력임을 뜻하고, 미성숙한 인간이 가소성을 가지고 있다는 것은 경험의 지속적인 재조정과 재구성을 통해 학습하는 방법을 학습할 수 있다는 말입니다.

이런 가소성이 있다면 삶에 어떤 일이 일어날까요? 아마도 하나의 경험 위에 또 다른 낯선 것을 찾아 마주하고, 또 그걸 내 경험, 내 삶으로 통합하는 과정이 끊임없이 계속될 겁니다. 그런 과정을 통해 우리는 점차 변화해가겠죠. 학생들과 이렇게도 지내보고 저렇게도 지내보면서 교사로서 학생들 앞에 어떻게, 어떤 모습으로 서야 할지 깨달아가는 것처럼요. 누군가의 교육 실천을 내가 처한 상황에 따른 전유 없이 그대로 흉내 낸다고 해서 똑같이 좋은 결과를 빚어낼 수는 없음을 알게 된 제가 어쩌면 그 사례가 될 수 있을 것 같습니다. 그런 게 학습 아닐까요? 또 그게 우리 삶의 모습 아닐까요? 우리가 학생들에게 바라는 것 또한 바로 그거고요.

미성숙한 사람이
성숙해지는 과정

─────────────

『나는 선생님이 좋아요』는 일본의 교사 출신 동화작가 하이타니 겐지로가 쓴 동화책인데요, 제 '최애' 동화입니다. 이 책에는 등장인물들의 성장에 관한 이야기가 가득 담겨 있는데, 그중 주인공인 데쓰조와 고다니 선생의 일화로 이제껏 늘어놓은 이야기를 정리할까 합니다.

초등학교 1학년 데쓰조는 파리 전문가입니다. 하지만 애석하게도, 데쓰조 할아버지의 말마따나 "마치 돌멩이 같"은, "말도 안 하고, 글도 못 쓰고, 책이나 공책도 만진 적이 없"고, "뭐든 제 마음에 들지 않으면 닥치는 대로 할퀴고 물어뜯"는[6], 요즘 보기에는 매우 공격적이고 폭력적인, 자기만 아는, 사회성이라고는 전혀 없는, 오로지 파리만 알고 파리만 생각하는 아이입니다. 어느 과학 시간에 개구리를 관찰하기로 했는데, 한 여자아이가 자신이 가지고 온 개구리에게 데쓰조가 애지중지하는, '금사자 파리'라는 아주 귀한 파리를 먹이로 준 일이 있었습니다. 그랬다고 파리를 먹은 그 개구리를 반으로 찢어놓고, 여자아이의 손을 뼈가 허옇게 보이도록 물어뜯었을 정도이니 데쓰조가 어떤 아이였는지 정도는 가볍게 파악할 수 있겠죠.

말이 안 통하는 데쓰조와 이제 갓 교사가 된 고다니 선생 사이의 아슬아슬한 줄타기 같은 학교생활이 이어지던 중, 고다니 선생은 아이들을 좀 더 잘 이해하기 위해 가정방문을 합니다. 그 과정에서 데쓰조가 파리에 대단히 많은 관심을 갖고 있다는 걸 알게 되었고, 그제야 고다니 선생은 이제껏 행했던 데쓰조의 과격한 행동이 파리를 좋아하고 사랑하는 마음에서 나왔다는 것임을 깨닫죠.

이후 고다니 선생은 데쓰조의 파리 '연구'를 함께하는 동시에 물심양면으로 지지하고 응원합니다. 고다니 선생과 함께하는 본격적인 파리 연구 과정에서 데쓰조에게 괄목할 만한 변화가 생기는데요, 냉정해졌다는 겁니다. 그저 파리를 좋아할 때는 누군가 건드려 파리가 죽거나 밖으로 날아가거나 하면 감정을 앞세우는 일이 일상다반사였는데 파리 연구 이후로는, 적어도 파리 연구 과정에서는 감정을 내세우는 일이 줄어듭니다. 연구일지를 작성하면서 글쓰기를 시작한 것도 이즈음이죠.

그러던 어느 날 사건이 발생합니다. 학교 근처의 햄 공장에서 갑자기 파리가 들끓기 시작한 겁니다. 지역 관청에도, 보건소에도 호소를 해봤지만 도무지 해결할 기미를 찾지 못한 햄 공장 사장은 어디선가 소문을 듣고 고다니 선생에게 연락합니다. 고다니 선생은 다시 데쓰조에게 문의하고요. 결국 파리 전문가인 데쓰조가 원인을 밝혀냅니다. 햄 공장 주변 밭에 퇴비 더미가 조성됐는데, 집파리가 거기에 알을 까면서 파리가 우글거리게 됐다는 것을요. 이런 일련의 일들을 겪으면서 데쓰조와 고다니 선생은 정말 많이 변합니다. 데쓰조는 여전히 말은 짧지만 폭력성이 확연히 줄어들었고, 짧게나마 글을 쓰고 말을 하면서 소통을 할 수 있게 되었습니다. 고다니 선생은 단지 겁 많고 아이들을 무서워하며 울기만 하던 초임교사에서 벗어나 학생들의 문제에 발 벗고 나설 수 있는 용기와 교육철학을 갖춘 교사가 되었고요.

더 얘기하면 뭔가 억지로 짜맞추거나 또는 견강부회가 될까 싶어 말을 아끼는 게 맞는 것 같은데, 기왕 말을 꺼낸 김에 이야기의 마무리를 위해 이 두 인물의 성장을 다음과 같이 정리해보겠습니다. 겉보기에는 단순한 사건 또는 경험의 나열 같지만, 각 경험의 사이사이에는 그 의미를 파악하고, 이후의 경험으로 어떻게 이어갈 것인지에 관한 어마어마한 고민과 사고가 있었을 것임은 미루어 짐작할 수 있겠죠.

- 고다니 선생: 데쓰조 사건, 아이들을 무서워함 - 아이들 이해를 위한 가정방문 - 데쓰조 이해 - 파리 연구 지원, 지지, 응원 및 햄 공장 문제 해결 - 교사 역할 고민 - ⋯

- 데쓰조: 공격성, 폭력성 짙음. 파리만 아는 외톨이 - 개구리 사건 - 고다니 선생의 가정방문 - 본격적인 파리 연구 - 실험 및 연구 결과 표현에 관한 자신감, 능력 향상 - 지역 문제 해결 - 국어 시간 글쓰기. "(…) 나는 고다니 선생님이 조아."[7] - …

성장이란 바로 이와 같이 미성숙한 상태에서 성숙을 향해가면서(상호 의존하면서) 우리 삶에 필요한 행동 경향성과 지적 성향을 형성해가는 일(가소성)입니다. 단순한 외적 행동이나 한 번 습득하면 변화시킬 필요가 없는 단편적인 기술을 습득하는 걸 넘어 **지력을 사용해 자신의 경험을 부단히 성찰하고 이 경험을, 또 이 경험에서의 배움을 이후의 경험에 적용해나가는 것을 지속하고 반복하는 것, 이게 바로 성장입니다.** 습관을 바탕으로 또 다른 습관을 만들고, 그 습관을 바탕으로 또 다른 습관을 만들고……. 이런 과정을 면면히 지속해가는 것이 곧 성장입니다. **지속적이고 반복적인, 그러나 차이 나는 습관의 형성을 통해 미성숙한 사람이 성숙해지는 과정이 성장 개념의 요체라는 말입니다.** 학생들이 그런 습관을 만들어갈 수 있도록 하는 게 '성장을 돕는' 일이고, 또한 '성장을 추구'하는 일이겠죠. 고다니 선생처럼요. 그게 우리가 반드시 해야 하는 일이고요.

성장은
삶이다

앞에서도 말했지만 성장은 곧 우리 삶입니다. 빠르거나 더디거나 하는 등의 정도의 차이만 있을 뿐 우리는 늘 성장하며 살아갑니다. 성장을 멈춘 삶, 그래서 아무런 흥미도 재미도 없이 그저 다람쥐 쳇바퀴 돌듯 날마다 똑같이 사는 기계적인 삶, 그게 무간지옥 아닐까요? 하지만 날마다는 아니더라도 '아, 이렇게 하면 안 되겠구나', '아, 이렇게 하면 더 잘되는구나' 하는 걸 깨닫게 되는 경우가 생기고, 비슷한 상황에 그 깨달음을 적용하고 습관화합니다. 그런 점에서 아이나 어른이나 사실은 모두 여전히 성장 가능성에 열려 있고, 또한 성장해가고 있는 거라고 저는 생각합니다. 다만 그 방식이 다를 뿐이죠. "성장에는 더 성장하는 것 이외의 다른 목적이 없"다는 듀이의 말은 이런 맥락에서 나온 게 아닐까요? 그래서 듀이는 말합니다. 그런 성장의 자세, 부단히 경험을 통해 학습하려는 자세, 그런 삶의 자세를 길러주는 게 학교교육이 가져올 수 있는 최상의 결과라고 말입니다. 아마도 그렇기 때문에 '실패'를 '성공'의 어머니라고 찬양하면서도 같은 실패를 거듭할 때는 '그렇게 학습 능력이 없냐'며 안타까워하고 애석해하고 심하게는 비난하는

것 아닌가 싶습니다.

다시 물음의 시간입니다. 저는 진심으로 묻고 싶습니다. 앞서 예로 든 강원도교육청, 경기도교육청, 충북교육청, 서울 모 초등학교에서 펴고 있는 정책이 정말로 성장을 위한 것인지, 그 정책의 이름에 성장이란 말을 써도 되는지 말입니다. 그 명칭이 틀렸다는 얘기가 아니라 이제껏 생각해본 '성장'의 의미가 오롯이 담겨 있는 이름인지, 나아가 그와 같은 '성장'을 구현하려면 이 정책들을 어떻게 실천하면 좋을지 함께 생각해보자는 말입니다. 여러분은 어떻게 생각하시는지 궁금합니다. 아울러 스스로에게도 물어봅니다. 오늘도 나 자신과 학생들의 성장을 염려하고 심려하며 교육 활동을 펴가고 있는지 말입니다.

4
경험

'스푸트닉호 사건'에 대해 아시나요?

1957년 10월 4일, 소련은 냉전 이후 과학과 교육, 경제 등 모든 면에서 최강국의 지위를 점해가던 미국을 제치고 스푸트닉 1호라는 무인 인공위성을 세계 최초로 쏘아 올려 전 세계를 발칵 뒤집어 놓았습니다. 제가 좋아하는 배우 제이크 질렌헬이 주인공 호머 역을 맡아 열연한 영화 「옥토버 스카이」가 바로 이 사건을 다루고 있죠. 아무튼 이후 소련은 스푸트닉 2호, 3호를 연달아 쏘아 올리는 데 성공합니다.

미국은 어땠냐고요? 소련의 연이은 인공위성 발사 성공에 화들짝 놀라 서둘러 인공위성 발사를 시도하지만 실패를 거듭했고, 스푸트닉 1호 발사 몇 달 뒤인 1958년 1월, 간신히 익스플로러 1호를 쏘아 올립니다. 익스플로러 1호의 무게는 5kg인 데 반해 그 한 달 뒤 소련이 세 번째로 쏘아 올린 스푸트닉 3호의 무게는 무려 1.3t에 달했다고 하는군요. 거품까지야 아니겠지만 자신이 최강인 줄 알았던 미국에게 충격을 안겨준 일이 바로 이 스푸트닉호 사건입니다. 오죽하면 사건에 '충격shock'이라는 이름을 붙여 '스푸트닉 쇼크'라고 불렀을까요.

스푸트닉 쇼크는 교육사적 측면에서도 매우 중요한데요, 이 사건이 교육과정 사조가 바뀌는 데 결정적인 계기가 되었기 때문입니다. 스푸트닉 쇼크 이전 미국 학교교육의 방향을 지시하던 교육과정 사조는 듀이가 초석을 놓은 진보주의 교육 사조였습니다. 이는 경험 중심 교육을 표방했고요. 하지만 스푸트닉 쇼크 이후 미국은 그간의 진보주의 교육 사조와 경험 중심 교육을 강하게 비판하면서 다시금 수학과 과학 교육의 필요성과 중요성을 역설하기에 이릅니다. 학생들의 흥미, 실생활 문제들의 해결을 중시하는 경험 중심 교육으로는 소련의 과학기술을 넘어서기는커녕 따라잡기도 어렵다는 판단이었겠죠. 결국 진보주의 교육 사조와 그에 따른 경험 중심 교육과정을 포기하고 학문 중심 교육과정을 채택하기에 이릅니다.

그럼 대체 경험 중심 교육과정에 따른 교육 내용의 체계가 어땠기에 주요 개념이라든가 지식을 소홀히 했다는 둥, 그래서 학습의 일관성이 없었다는 둥 비판을 받았을까요? 당시 미국의 경험 중심 교육과정에 따른 교육 내용 체계를 잠깐만 살펴보겠습니다. 아래 제시되는 내용은 국가 표준이라기보다는 경험 중심 교육과정에 따른 8년간의 교육과정 연구 기간에 개발된 내용 체계 중 한 가지 사례인데요, 참고로 이 기간 동안 미국 전역에서 총 32개의 고등학교가 이 연구에 참여해 교육과정을 개발했습니다. 자, 보시죠.

가. 개인적 삶

1) 다음을 통해 우리 자신을 이해하기

    가) 우리의 관심과 태도, 재능을 발견하기

    나) 중요한 지식 영역의 정보를 활용하기

    다) 시간과 노력을 관리하고 보다 건설적인 삶의 방식을 계획하기

    라) 우리의 직업적 관심사와 일반적인 직업 적성에 대하여 인식하기

2) 다음 영역에서 우리가 이미 가지고 있는 관심이나 인식을 향상시키고, 다양한 관심이나 인식을 탐색하기

    가) 독서

    나) 원예

    다) 그림, 모형 제작

    라) 노래, 춤

3) 다음 영역에서 삶을 살 만한 가치가 있게 만들어주는 자원에 대하여 깊이 인식할 수 있기

    가) 플래스틱 그래픽 미술, 음악, 드라마, 문학 등 다양한 영역에서의 창조적 표현

    나) 자연과 과학 세계

    다) 건강, 몸단장, 청결, 정돈, 언행의 온당함을 강조함으로써 외모나 몸가짐, 사회적 적합성에 있어 자신의 최고의 모습을 만드는 방법 학습

4) 삶의 철학 개발하기

나. 개인-사회 관계

　　(…)

다. 사회-시민 관계

　　(…)

라. 경제적 관계[8]

　흠, 확실히 학생들의 흥미라든가 실생활에서 마주치는 여러 문제들을 중심으로 내용 체계가 짜여 있는 것 같긴 합니다. 한마디로 경험 중심 교육의 의미가 이런 식으로 이해되고 있었다는 말이군요.

　스푸트닉 쇼크 이후 미국은 교육과정의 전면 재검토에 착수하며 결국 수학과 과학, 인류가 남긴 위대한 지식들과 이를 구성하는 기본 개념을 주목하고 강조하는데요, 이러한 비판과 검토가 반영된 교육과정 사조가 학문 중심 교육과정입니다. 경험 중심 교육과정을 비판하면서 대두된 만큼 학생의 흥미나 사회생활에서 길어 올려진 문제, 이른바 '실제적 문제'가 아닌 다른 것을 강조합니다. 심리학자 제롬 브루너가 제시한 그 유명한 개념, 다양한 분과 학문들의 '지식의 구조'가 바로 그것이죠. 이를 학습하기 위한 방법으로 학자들이 하는 방식, '연구' 또는 '탐구'를 채택합니다.

한국의 상황도 살펴보겠습니다. 한국에서는 1963~1973년 운영된 제2차 교육과정이 경험 중심 교육과정의 성격을 띱니다. 제1차 교육과정과 견주어 특징적인 것은 "생활 경험을 중심으로 하는 교과 경영을 지향하여 관련성 있는 교과의 종합 지도를 강조한다"9라는 것을 교육과정 개정의 요점으로 삼고 있다는 것인데요, 이 교육과정에서도 '생활 경험'을 중시하고 있군요. 또 하나, '통합'이라는 용어를 적시하지는 않았지만 어쨌든 그 아이디어가 드러난다는 것도 아울러 알 수 있습니다.

이후 1973년, 학문 중심 교육과정 사조를 근간으로 하는 제3차 교육과정이 도입·운영되는데, 이 교육과정 개발의 기본 방침 중 하나는 '지식·기술 교육의 쇄신'입니다. 기본 능력을 배양하고, 기본 개념을 파악하며, 창의력을 함양하고, 기술 교육을 강화하는 방향으로 쇄신하겠다고 말하고 있군요.10

이 교육과정의 근간이 학문 중심 교육과정이니 어쩌면 당연한 말이겠지만, 한 가지가 눈에 띕니다. '지식의 구조' 그리고 '지적인 탐구'가 그것입니다.

(기본 개념의 파악을 위해) "지식의 구조를 이루는 기본 개념과 그 관계를 이해하고, 지적인 탐구 방법을 익힐 수 있도록 지도 내용을 정선하여야 한다."11

브루너의 아이디어가 반영된 것임이 확실해집니다.

그런데 뭔가 석연치 않습니다. 경험 중심 교육과정이 경험을 중시한다고 해서 이 교육과정을 따랐던 이들이 학습 과정에서 일어나는 또는 학습 과정에 필요한 사고를 경시한 것도 아니고, 무엇보다 교과의 필요성을 배제하지도 않았습니다. 오히려 인간 사회의 이해와 진보에 반드시 필요한 교과라며 역사와 지리, 과학 같은 과목을 매우 중요하게 여겼습니다. 그런데도 학문 중심 교육과정은 경험 중심 교육과정의 교육 내용과 방법을 비판하며 등장했고, 그 비판의 핵심에는 '경험' 또는 '경험 중심'이 있습니다.

경험 중심 교육을 주도하고 지지한 교육학자들이 오죽 한심스러웠으면 학문 중심 교육과정 탄생의 발판이 된—미국의 수학, 과학 교육의 문제점을 짚어보고 그 해결책을 찾기 위해 개최한—'우즈호울 회의'에 참석한 학자 34명 중 교육학자는 단 3명밖에 없었을까요? 어떻게 교육학자가 아닌 브루너라는 심리학자가 이전 교육과정에 대한 비판과 이후 교육과정에 대한 방향 설정을 이끌고 그 논의 결과를 정리할 수 있었을까요? 대체 경험이 무엇이기에 그렇게 혹독한 비판을 받아야 했을까요? 한편으로는 경험을 중시한다는 것이 그 모든 비판을 온몸으로 감내했어야 할 만큼 잘못된 방향이었을까요?

경험,
'해봄'과 '당함'이 얽히는 것

'경험'을 둘러싼 역사적 상황과 이해가 그랬다는 거고, 이제 우리 이야기를 시작하죠. 여러분은 '경험' 하면 어떤 말이 제일 먼저 떠오르시나요?

스포츠를 좋아하는 저는 '대회 출전 경험이 풍부한(적은) 고참(어린) 선수'라는 말이 먼저 떠오르는군요. 아무래도 고참 선수가 긴장도 덜하고, 경기가 잘 안 풀리는 상황에서 뭘 어떻게 해야 분위기를 바꿔놓을 수 있을지, 또 어떻게 해야 그런 상황에서도 자신의 능력을 충실히 발휘할 수 있을지 더 잘 알 겁니다. 대학원 공부를 시작하면서부터는 '연구 경험이 많은(적은) 중견(신진)학자'라는 말도 많이 들었는데, 마찬가지로 신진학자보다는 중견학자가 연구 절차라든가 윤리, 방법 등의 측면에서 비교적 실수를 덜하고 덜 헤매며, 좀 더 풍부하고 깊은 연구 결과를 끌어낼 수 있을 겁니다. 당연하겠죠. 자신이 하는 일과 관련해서 무수히 많은 상황을 겪어봤을 텐데, 그런 점에서 무경험자나 저경험자보다는 유경험자가 확실히 더 효율적으로 일하거나 최소한의 피해로 어려운 상황을 타개할 수 있을 겁니다. 그래서 군대 같은 곳에서는 수행해야 할 임무와 관련해서 경험이 많은 '사수'와 신참인 '부사수'를 쌍으로 엮어 경험을 나누고 쌓을 기회를 주고요.

부모로서 또는 교사로서 자녀를 키우고 학생들과 공부를 하면서 '다양한 경험을 쌓도록 해야 한다'는 요구를 여기저기서 듣는데, 어쩌면 그래서 많은 학부모들이 자녀들과 여행을 다니고, 이것저것 해볼 기회를 주는 걸지도 모르겠습니다. 다른 학교급의 상황은 다를 수 있겠습니다만, 초등학교에서는 최근 들어 교사들이 전문적으로 다루기에는 한계가 있을 수밖에 없는 분야에서 전문 강사들을 초빙하여 어린 학생들에게 좀 더 직접적이고 깊은 경험을 해보게 하려는 움직임이 잦아지는 것 같고요. 국악이나 무용, 디지털·스마트기기 및 약물 중독, 다양한 실습을 포함한 진로 체험 수업 등을 그 예로 들 수 있겠군요.

어떻습니까. 구체적인 내용이야 조금씩 다르겠지만 '경험', '경험이 중요하다', '많은 경험을 쌓게 해야 한다'는 말은 대체로 이런 맥락에서 이해되고 사용되는 것 같습니다. 제가 보기에 이런 통상적 용법에는 세 가지 생각이 암암리에 작용하는 것 같은데요, 첫째, 그동안 많이 해 봤다. 둘째, 많이, 또 직접 해보게 한다. 셋째, 그렇게 많이, 직접 해보다 보면 그게 다 경험이 된다. 한데, 정말 그런가요?

'솔개도 오래면 꿩을 잡는다'라는 속담이 있습니다. '서당 개 삼년이면 풍월을 읊는다'라는 속담도 있고요. 맞습니다. 어떤 분야에 지식이 전혀 없더라도 오래 경험하면 크든 작든 그 분야나 영역에 대한 지식을 얻게 된다는 뜻이죠.

한 가지만 물어보겠습니다. 그저 그 분야에 오랫동안 몸담고 있으면 지식이 자연히 생길까요? 닭이나 잡는 솔개가 오래 살게 되면 정말로 날아다니는 꿩을 잡을 수 있을까요? 늘어지게 낮잠을 자다가 주는 밥이나 먹으면서 3년을 서당에서 살면 정말로 개가 풍월을 읊을 수 있게 될까요? 그럴 것 같지는 않습니다. 4년 가까이 겪은 코로나19에 대해서 무엇이든 말해보라 하면 그저 '안 걸리려면 손을 열심히 씻으세요' 정도밖에는 할 말이 없는 절 보면 말입니다. 가만히 있어도 또는 그저 겪는다고만 해서 그 모든 게 경험이 되진 않는 것 같습니다. 그렇다면 경험이란 무엇일까요? 어떻게 하면 뭔가를 해본 것이 경험이 될까요?

아마도 솔개는 꿩을 잡으려고 무던히 노력했을 겁니다. 무수히 많은 실패를 겪었을 테고, 왜 실패했는지 수도 없이 생각하고 또 생각했을 겁니다. 거기서 다른 방법을 찾고 또 시도했을 겁니다. 서당 개도 마찬가지가 아닐까 짐작해봅니다. 그저 웅얼거림에 지나지 않는 소리들을 구분하려 했을 테고, 그 소리들을 이렇게도 배치해보고 저렇게도 나열해보면서 최대한 그 소리들과 비슷한 소리를 내려고 힘썼을 겁니다. 그렇지 않고서야 언감생심 꿩을 잡고 풍월을 읊을 수 있었을까요?

이렇듯 경험은 '해보는 것'과 그로 인해 무슨 일을 '당하는 것'이 동시에 결합되어 있습니다. 21세기를 이끌어가는 최신 사상들의 용어를 따라 말하면, 어떤 시도와 그에 따른 결과가 '얽혀' 경험이 된다는 말입니다. 경험은 이처럼 능동성과 수동성, 양자의 결합 또는 얽힘이고, 그 둘 간의 관련을 아는 것, 그 앎을 습관화하는 것입니다. 이렇게 하면 꿩이 안 잡히는구나, 이렇게 소리를 내면 사람들이 읊는 것과 비슷해지는구나 하는 관계를요. 이 해봄과 당함의 관계가 파악되지 않는다면 그건 부채를 부쳤더니 태풍이 부는 것처럼 아주 우연한 변화 그 이상도 이하도 아니게 되겠죠. 유의미한 경험이 될 수 없다 이 말입니다. 경험을 단순 경험으로 내버려두지 않고 거기서 뭔가 얻거나 배우려면 내가 해본 것과 그 결과 일어난 것과의 관련에 대해서 지력을 활용해 성찰해보는 일이 필수적이라는 얘기입니다. 그 과정에서 더 나은 결과를 얻기 위한 노력이 이루어질 테고, 그러면서 그 경험은 계속해서 재구성되고 재조직되겠죠. 성장도 일어날 거고요.

경험을 중시한다는 게 단지 무엇을 '해보게만' 하는 데서 만족하거나 또는 과정이야 어쨌든 우연히 얻은 한두 번의 결과만 가지고 일희일비하면 안 되는 이유입니다. 경험을 통상적으로만 이해하고 취급한다면 아마도 경험에서 배우는 게 거의 없을 테고, 지금 경험을 바탕으로 이후 경험의 재구성으로 나아가지 못할 것은 불

보듯 뻔합니다. 금방 휘발되고 마는 순간적 이벤트 같은 것에 그치고 말겠죠. 그런 점에서 학교 교육과정의 일환으로 진행되는 현행 '현장체험학습'의 양태는 참 안타깝기 그지없습니다. 명색이 '학습'인데 뭘 학습한다는 건지도 모르겠고요. 그런 식이라면 차라리 옛날처럼 '소풍'이라고 하는 게 그 양상에 더 걸맞은 말일지도 모르겠습니다.

해봄과 당함 사이의 관련을 파악하는 지력과 더불어 경험에 필요한 것 또는 경험과 함께 가야 할 것은 '몸'입니다. 생뚱맞게 웬 몸이냐고요? 가령 배드민턴 선수의 영상을 통해, 또 책을 통해 배드민턴 라켓을 휘두르는 방법을 머리로는 알고 있습니다. 이것도 경험이 될 수 있겠죠. 어쨌든 그걸 알기 위해 영상이나 책을 봤고, 그 결과로 라켓을 휘둘러 셔틀콕을 치면 셔틀콕이 상대방 쪽으로 날아간다는 걸 알게 되었으니까요. 그것과, 직접 몸을 움직여 라켓을 휘둘러본 것 중 어떤 것이 더 생생한 경험으로 남을까요? 어떤 것이 더 선명하고 분명한 지식으로서 내게 의미를 가져다주며, 경험의 계속성을 유지하는 데 더 큰 영향을 줄까요?

비단 직접 몸을 쓰는 행위에만 이 원리가 적용되는 것은 아닙니다. 가령 '사랑'이란 말을 책을 통해 아는 것과 몸으로 직접 느껴본 것, 어느 쪽이 더 구구절절히 와닿을까요? 전자라면 사전적 정의나 책에 나온 풀이를 뜻 모르고 앵무새처럼 되풀이하는 수준, 즉 관념적으로 아는 것에 그칠 것 같고, 후자의 경우에는 사랑이란 말이 오롯이 나의 것이 되어 내 삶의 일부를 이룰 겁니다. 즉 경험을 실제 몸으로體 살아보는驗 일, 체험하는 것이 필요하다는 말이죠. 불현듯 '백문불여일견 백견불여일행'이라는 옛말이 떠오르는군요.

이처럼 '해봄'과 '당함'과 더불어, 생각하고 판단하는 '지력', 그것을 체험하는 '몸'이 서로 경계를 흐리며 깔축없이 얽혀 있는 것, 서로가 서로에게 침투해 있는 것. 그게 경험이란 용어의 개념입니다. 그리고 이러한 경험은 살아가면서 얼마든지 할 수 있고 또 하고 있죠. 그런데 왜 학교교육에서도 경험이 필요하다고 하는 걸까요? 경험이 필요하다면 학교는 학생들에게 어떤 경험을 제공해야 할까요?

우리에게 경험이 필요한 까닭

경험의 종류에는 어떤 것들이 있을까요? 직접경험과 간접경험, 상징적 경험. 네, 이렇게 세 가지입니다. 직접경험은 내가 실제로 해보고 이로써 일어나는 결과가 무엇인지, 그 관계는 어떤지 살펴보고 그 의미를 파악하는 일입니다. 직접 배드민턴을 친다든가, 과학실에서 직접 실험을 해본다든가 하는 것들이 해당하겠죠.

그렇다면 간접경험은 다른 사람이나 책, 동영상 등 어떤 매체에 의해 일차 번역된 것을 겪어보는 일이 되겠군요. 이것도 훌륭하고 질 높은 경험을 가져다줄 수는 있겠지만 아무래도 직접경험보다는 실감이라든가 생생함이 떨어지는 것은 어쩔 수 없는 일입니다. 라켓으로 셔틀콕을 쳤을 때의 생생한 타격감을 유튜브 동영상으로는 느낄 수 없는 것처럼 말입니다. 그렇다고 간접경험의 의미나 가치가 떨어지거나 없어지는 것은 아닙니다. 저는 어렸을 때 「퀴즈 탐험 신비의 세계」라는 동물 관련 퀴즈 프로그램을 무척이나 좋아했고, 요즘은 「걸어서 세계 속으로」라는 프로그램을 즐겨 봅니다. 이런 프로그램들은 한국에 산다는 이유로 직접 볼 수 없거나 가볼 수 없는 나라에 사는 동물들이라든가 외국 사람들의 삶을 간접적으로나마 관찰하고 이해할 수 있게끔 많은 도움과 정보를 주었고, 또 줍니다. 수업을 할 때 직접 보거나 만질 기회를 줄 수 없는 것들은 이런 식으로 간접경험을 활용하는 수밖에는 도리가 없습니다. 태양과 달을 어떻게 만지겠습니까. 태양과 달의 표면을 어떻게 직접 관찰할 수 있을까요. 그런 점에서 간접경험 역시 경험의 중요한 창구가 될 수 있습니다.

끝으로 상징적 경험입니다. 많은 사람들에 의해 '객관화' 또는

'지식화'되었다고 볼 수 있는 경험을 문자나 그림 같은, 정해진 절차와 규격에 따라 특정한 의미를 담은 기호에 의존해 경험하는 것이 되겠죠. '이순신 장군이 임진왜란에서 한산도대첩을 치렀고 대승을 거뒀다'는 사실 같은 것이 그 예가 될 수 있을 겁니다. 일단 이 사실을 읽거나 듣는 저한테 간접경험인 것은 확실하고, 많은 사람들에 의해 지식화된데다 문자나 동영상, 강의 같은 상징적 기호에 의해 경험된 것이기 때문이죠.

잘 알다시피 학교교육은 많은 부분 이런 상징적 경험에 의존하고 있고, 그렇기 때문에 여기서 오는 폐해나 폐단이 적지 않습니다. 그 상징이 담고 있는 경험보다는 상징 자체에 주목하는 경향이 크기 때문입니다. 비유하자면 손가락이 가리키는 달을 봐야 하는데 손가락 자체에 더 큰 관심을 기울이는 그런 상황인 거죠. 가장 전형적인 예가 '도덕교육 무용론'입니다. 정직, 정의, 용기, 절제, 배려 등의 도덕적 가치를 삶이 아닌 교과서에 담긴 활자를 통해 배우고 암기하니 그 의미와 가치를 어떻게 몸으로 느끼고 표현하고 살아낼 수 있을까요. 답은 잘 고르고 쓰지만 그걸 삶으로 실천하지는 못하는 학생을 길러내고 있는 것이 학교교육의 딜레마가 된 지 오래입니다. 선조들은 일찍감치 그걸 깨달았기 때문에 그토록 '지행합일'을 강조했는지도 모르겠습니다. 실제로 제가 만난 몇몇 교사들은 간접적이거나 상징적 경험을 통해 얻은 것들을 학생들이 몸으로 체험할 기회를 주고자 무던히도 애를 썼고요.

세 종류의 경험 중 무엇이 더 중요하고 덜 중요하다 나눌 수는 없을 겁니다. 각 경험 모두 나름의 장단점이 있기 때문입니다. 하지만 학교교육의 맥락에서라면 아무래도 직접경험 또는 직접 인식에 조금 더 높은 비중을 두어야 할 것 같습니다. 내 삶으로 들어오지 않은 경험은 단편적인 외적 정보에 지나지 않을뿐더러 그걸 열심히 외워봐야 기계적 재연에 불과하기 때문이죠. 위에서 말한 도덕 지식처럼요.

제가 보기에 학교교육에 경험을 도입해야 할 필요성이 바로 여기에 있는 것 같습니다. 교과를 통해 제시되는 상징적이고도 기호적인 것에 생생함과 실감을 주고, 그럼으로써 그걸 직접 인식을 통해 내 것으로 만들도록, 삶으로 살아내도록 하기 위해서 말입니다. 말하자면 '학교의 교과'를 '삶의 교과'로 만들기 위해서, 그렇게 전환하기 위해서라고 이야기할 수 있을 것입니다. 동시에 학교는 교과가 제공하는 지식을 실제로 자신의 삶에서 체험해볼 수 있는, 삶과 동떨어진 것이 아님을 느낄 수 있는 그런 경험을 제공해야 할 것입니다. 실제로 만들고 표현하고 행동하는 경험과 함께 말입니다. 그렇게 상징적·기호적인 것이 삶과 연결되고 연관된다면, 그것이 내 삶의 일부이며 삶과 뗄 수 없는 관계에 있다는 걸 이해한다면 아마도 학습에 대한 내적 동기가 강하게 유발되지 않을까 싶습니다. 왜 안 그럴까요. 내 삶을 살아가고자, 오늘보다 좀 더 나은 내일을 만들고자 배우고 공부하는 것인데.

경험 중심 교육에 대한 단상

그런 점에서 '경험을 중시한다', '경험 중심'이란 말에 오해가 있지 않나 생각합니다. 문자 그대로 '실제로 해보게 한다'는 식으로 이해하는 것만으로는 그 안에 담긴 풍부한 의미를 다 끌어내지 못하는 것 같습니다. 직접경험, 직접 인식을 그렇게 액면 그대로 이해하다 보니 앞에서 살펴본 미국의 중등학교 교육과정이 탄생했고, 우리나라 제2차 교육과정에 '생활 경험을 중심으로'와 같은 문구가 삽입되지는 않았을까 하는 게 제 생각입니다. 어떻게 경험이 '생활 경험'으로 번역될 수 있는지, 또 '사회적 삶을 학교교육 장면에 도입해야 한다'는 경험 중심 교육의 주장에서 '생활 경험'이 도출되었는지는 모르겠지만, 어쨌든 지금까지도 '사회적 삶=생활 경험=경험'과 같은 식으로 이해되는 것 같고요.

물론 많은 사람들의 고뇌와 치열한 사유가 담긴 미국의 중등학교 교육과정이나 우리나라 제2차 교육과정의 가치를 무시하거나 폄훼하고 평가절하 하려는 것은 아닙니다. 오히려 중등학교 교육과정 개선을 위한 노력과 연구의 과정이 얼마나 휘황했고, 결과는 또 얼마나 찬란했는지 잘 알고 있습니다. 또한 교과 지식만큼이나 학생들의 실제 삶도 공부할 만한 중요한 가치가 있다는 것을 발견하고 주목했다는 점은 높은 평가를 받아야 한다고 생각합니다. 다만 한 가지, 학생들의 '사회적 삶' 또는 거기서 마주치는 '실제적 문제'를 너무나 단순하게 '생활 경험'과 등치했다는 점은 경험에 대한 지나치게 협애한 이해에서 온 것은 아닌가 지적하고 싶을 뿐입니다. 좀 더 넓은 눈으로 학생들의 사회적 삶을 이해했으면 어땠을까 하는 아쉬움을 토로하고 싶을 뿐입니다.

건강, 몸단장, 청결, 춤과 노래, 단추 달기, 전등 갈기, 동식물 키우기 등은 우리 삶에서 일상적으로 만나는 정말 중요한 사회적 삶이고 실제적 문제입니다. 하지만 생각해보기 바랍니다. 과연 저런 것만이 사회적 삶이고 실제적 문제일까요? 우리 모두는 다 다릅니다. 누군가에게는 이런 것들이 아주 중요한 문제가 될 수 있겠지만 다른 누군가에게는 수학 문제 하나를 더 푸는 것, 디지털 기술을 개발하는 것, 어려운 미적분학 문제를 푸는 것, 더 빨리 달리는 것, 공을 더 멀리 던지는 것이 다른 것과 비교할 수 없이 절실하고 절박한 문제일 수 있습니다.

멀리서 찾을 것 없이 저만 봐도 그렇습니다. 당장 저에게는 이 책을 쓰는 것, 이를 위해 자료를 찾고 공부해서 소화하고 그 의미를 이해하는 것, 그것을 다시금 제 말로 풀어 쓰는 것이 지금 제 삶에서 매우 중요한 실제적 문제입니다. 저와 같은 길을 걷는 교사들과 함께 이야기 나눌 목적으로 한다는 점에서 사회적 삶이기도 하고요. 다른 사람들 눈에는 수업 준비나 학생 생활지도 등 교사 노릇 똑바로 안 하고 선비놀음이나 하는 것처럼 비춰질지도 모르겠지만 말입니다.

삶이라는 게, 생활 경험이라는 게 그렇듯 무지개처럼 다양한 측면, 다양한 색깔을 가질 수 있다는 말이고 실제로 그렇습니다. 그럴진대 어떻게 가정이나 놀이터, 학교에서 지낼 때 필요한 딱 '생활 기술' 정도만의 의미로 학생들의 사회적 삶을, 생활 경험을 이해할 수 있을까요? 또 학생들이 선택하게 될 직업 세계를 다 나타낼 수 있을까요? 과연 그게 올바른 이해일까요? 그런 이해에 따라 교육 내용을 찾고 구성하는 것이 과연 바람직한 교육과정 개발 방향일까요?

텍스트 완성의 마지막 퍼즐은 독자에게 있다 보니 사람마다 독해의 결과는 다를 수 있겠죠. 하지만 저는 경험에 대한 이런 식의 독해는 경험 중심 교육을 도입하고 실행한 사람들이 저지른 약간은 성근 판단 또는 오해라고 생각합니다. 그보다는 지금 내 삶에서 가장 중요한 문제를 찾을 기회를 주고, 그 문제에 천착하면서 그것의 의미와 중요성을 실감 나게, 생생히 느끼게 하고, 그 문제를 풀어가는 과정에서 얻는 다양한 경험을 통해 성장할 수 있도록 돕는 것, 그게 경험을 중시한다는 말의 진의가 아닐까요? '사회생활=생활 경험=경험'이라는 지금까지의 이해가 아니라.

경험이 그런 의미라면 아마도 학교교육은 최소 다음과 같은 두 가지 모습을 띠어야 하지 않을까 생각해봅니다. 첫째, 학생의 삶에서, 경험에서 학습 문제 길어 올리기. 둘째, 직접경험의 기회 만들기.

제가 아는 한 초등학교 교사가 수학여행을 준비하기 위해 학생들과 3주 가까이 진행한 공부 이야기를 잠깐 해보겠습니다.

수학여행의 콘셉트는 유서 깊은 명승지나 유적지를 둘러보는 것에 더해, 학생들이 직접 장을 보고 손수 식재료를 다듬어 스스로 음식을 해 먹는 일을 포함하는 것이었습니다. 국어와 사회, 창의적 체험활동 시간을 이용해 둘러볼 곳을 조사하고 탐구했고, 실과 시간에는 밥을 짓고 음식 재료를 다듬고 직접 요리를 하는 공부를 했습니다. 솔직히 말하면 '이렇게 한다고 아이들이 음식을 만들 수 있을까? 그것도 원재료를 직접 다뤄서?' 하고 반신반의 했는데 와, 실제로 신선한 식재료를 고르고, 능숙하게 칼을 다루며, 재료에 맞는 요리를 할 수 있게 되더군요. 수학여행지가 남도의 해안 지역이었으니 시장에 해산물이 얼마나 많겠습니까. 게, 전복 등 다루기 까다로운 해산물까지도 스스로 다루면서 다치거나 탈 나는 학생 한 명 없이 맛있는 밥을 지어 먹더라고요. 물론 담임교사들의 '최소한'의 개입까지 없었다고는 하지 않겠습니다.

수학여행을 다녀와서는 2박 3일 동안 보고 듣고 느끼고 배운 것을 정리하여 글을 작성한 뒤, 한 편 한 편 학생들과 같이 읽으면서 경험을 공유하고 성찰하는 공부를 했습니다. 다른 친구들의 경험을 간접경험하는 학생들의 진지한 얼굴, 글에 담긴 배움의 깊이에 무릎을 치며 감탄했던 기억이 10여 년이 훌쩍 지난 지금도 새록새록합니다.

어떻습니까. 저에게는 교과의 문제가 삶에서 길어 올려진 것과 어우러지고, 이것이 곧 직접경험으로 이어진 것으로 보이는데 여러분은 어떻게 생각하실까 궁금합니다.

이번 꼭지는 50년 가까이 운영되다가 지금은 사라진 '어린이 공화국 벤포스타'의 한 어린이 주민의 이야기로 매듭지을까 합니다. 고메스라는 친구인데요, 이 친구의 말만큼이나 경험의 의미를 직관적으로 보여주고 명쾌하게 풀이하는 말이 또 있을까 하는 생각에서입니다.

아, 벤포스타는 스페인 내에 있었던, 자신의 영토와 국경, 화폐, 법과 제도, 어린이 주민 등을 가진 글자 그대로 '공화국'인데요, 어엿한 한 나라인 만큼 주민들은 직업을 통해 돈을 벌어야 하고, 반드시 학교 공부에 참여해야 합니다. 이 과정에서 경험을 쌓게 되고, 직업에서 학교 공부의 내용을 경험하면서, 직업에 학교 공부의 내용을 적용하면서 직업에 대한 공부와 학교 공부는 자연스레 통합되죠. 학교에서 하는 공부가 혹시 직업 훈련 아니냐고요? 그렇지는 않은 것 같습니다. 어른이 되면 공화국에 남아 후대들을 돕기도 하고 스페인이나 주변 나라의 대학에 진학하기도 하는데, 신학이나 과학, 경영학 등 다양한 학문 분야를 전공으로 택했다고 하는 걸 보면요.

소개가 길었습니다. 이야기 들어보시죠.

"아이들 마음은 다 똑같습니다. 어떤 아이든 자기가 지금 하고 있는 것을 잘 하고 싶어하지요. 그것뿐이에요."[12]

5
교사 교육과정과 경험 중심 교육

좀 오래된 문구이긴 한데, 혹시 이런 말 들어보셨을지 모르겠습니다. "우리는 민족 중흥의 역사적 사명을 띠고 이 땅에 태어났다. 조상의 빛난 얼을 오늘에 되살려……."

제 또래쯤 되는 사람들이 "맞아, 우리 때는 그랬어~" 하면서 들먹이는 단골 안줏거리인데요, '국민교육헌장'의 첫 문장입니다. 서슬 퍼렇던 제3공화국 시절, 우리나라가 지향해야 한다고 생각한 교육의 지표를 담아 1968년 선포되었죠. 제5공화국 시절인 1980년대에 국민학교를 다닌 저는 '떳떳한 한국인'으로 시작해 '통일의지'로 끝나는 '국민정신교육 9대 덕목'을 더 자주 암송했지만, 그렇다 하더라도 교과서 표지마다 새겨져 있던데다 매일 이 글을 다 함께 낭송하고 1교시를 시작했기 때문에 모르려야 모를 수가 없습니다.

민족 중흥의 사명을 위해 태어난 우리라니, 멋지군요. 그렇죠. 구국의 영웅은 못 되어도 국가와 민족의 발전을 위한 밑거름은 되어야 합니다. 그게 나의 안전과 재산 그리고 인간으로서 살아갈 권리를 지켜주고 보호해주는 대한민국에 대한 최소한의 보답일 겁니다.

그런데 묻고 싶어집니다. '우리'는 누구를 가리키는가? 왜 내가 사명을 띠면 안 되고 우리가 띠어야 하는가? 왜 나를 위해 살면 안 되고 민족의 사명을 위해 살아야 하는가? 우리는 또는 나는 정말 민족의 사명을 띠고 태어났으며, 그렇게 된 이상 개인으로서 자유롭게 살 방도는 없는가?

지금이야 개인이 익숙하지만 불과 약 150년 전만 하더라도 개인은 집단의 한 부분에 불과한 익명의 존재였습니다. 언제나 집단이 우선이었고, 개인은 집단 속에서가 아니면 결코 성립할 수 없는 개념이었죠. 국민교육헌장 내용처럼 말입니다. 따라서 우리 교육에서 우선은 개인이 아닌 집단에 있었습니다. 아마도 경제 발전과 사회적·정치적 안정이라는 국가적 목표를 달성하기 위해서는 국민 모두의 정신을 하나로 모아야 했기 때문이었겠지만, 그래서 당연히 모든 학교의 교육과정 운영이 국가 교육과정에 지배되는 획일적 교육의 양상을 띠었죠.

그러나 문민정부의 5·31 교육개혁안에서 근대 이후 발견된, 나아가 후기 근대를 통과하면서 더욱 심화된 개인과 개별자의 개념을 받아들이며 나, 개인에도 주목하기 시작했고 이후 개별화 교육, 개인 맞춤형 교육에 대해서도 관심을 가지게 되었습니다. 자기 주도 학습을 강조한 것도 이 맥락에서고요. 또 교육과정 측면에서도 제6차 교육과정기 이후 중앙에 집중된 교육과정 운영권을 시도로,

학교로 그리고 교사 개인에게 이양하기 시작했죠. 교육과정 지역화, 학교 교육과정, 교육과정 재구성 등이 그 과정에서 등장한 것들입니다. 나아가 진보교육감들이 의욕적으로 추진한 혁신학교는 교사들에게 교사 본연의 업무인 교육과정 운영과 평가 업무에 전념할 수 있도록 하면서 교사 교육과정 탄생의 발판을 마련함과 동시에 결국 탄생시켰습니다.

이번 꼭지에서 살펴볼 교사 교육과정은 이처럼 복잡하게 얽힌 배경 속에서 등장했고, 이는 2022 개정 교육과정에서 '학교자율시간'이라는 이름으로 제도화되기에 이르렀습니다. 그런데 의문을 던지며 혼란스러워하는 독자들도 있을 것 같은데요, 예를 들면 이런 겁니다. '교육과정 개발자는 어딘가에 따로 있는 거고, 교사들은 단지 교육과정 실행자일 뿐인 거 아닌가? 교사가 교육과정을 개발한다고? 그게 말이 돼?'

이해합니다. 저 역시 대학에서 그렇게 배웠고 최근까지 그렇게 살아왔으니까요. 하지만 교사 또한 '연구자'로서의 역할을 수행할 수 있어야 하며, 해야 한다는 것을 최신 교육학에서는 강조하고 있고, '교육과정 개발자'로서의 의미가 '교사 연구자' 개념의 한 축을 구성합니다. 또 제가 알아본 바로는, 아주 적극적으로 해석하면 '실행'이란 말에 이미 교육과정 '개발', '생성' 등의 의미가 함축되어 있고요.

그런데 제가 보기에 교사 교육과정은 제2차 교육과정기의 지배적 이념이었던 '경험 중심 교육'의 현대적 실천이 아닌가 생각됩니다. 어떤 점에서 그렇다는 건지 찬찬히 살펴보겠습니다. 우선 교사 교육과정의 개념부터 차근차근 짚어나가죠.

교사 교육과정이란?

교사 교육과정이 최근에 일어난 교육 현상이다 보니 이를 뒷받침할 이론적·철학적 배경이 불분명한데요, 제가 보기에는 사회적 구성주의와 후기 구조주의가 그 철학적 배경으로 보입니다. 사회적 구성주의는 교육학 수업을 듣거나 임용고시를 준비할 때 많이 보고 들었을 테니 여기서는 그냥 지나가도 되겠죠?

후기 구조주의의 여러 특징 중 하나는 언어를 중시한다는 점인데, 이 사상에 따르면 우리 주변의 모든 것은 읽어내고 그 의미를 찾아야 할 텍스트가 됩니다. 그런 점에서 우리 모두는 어떤 텍스트를 적극적으로 해석하고 이를 통해 그 텍스트의 고유한 의미를 찾아야 하는 '독자'인 셈이죠. 교사 교육과정을 개발하고 운영한다는 것은 곧 독자로서의 교사가 텍스트로서의 국가 교육과정 문서를 적극적으로 독해해서 자신에게 고유한 의미를 창출하는 과정이자 결과입니다. 그런 점에서 저는 후기 구조주의가 교사 교육과정의 이론적 배경이 될 수 있다고 생각하는 거고요.

그런 교사 교육과정은 여섯 가지 특징과 함께 이해해야 하는데요, 부끄럽지만 잠시 제가 운영한 교사 교육과정을 쓱 훑어본 뒤, 이 예시를 바탕으로 여섯 가지 특징을 추출해 제시하는 방식으로 이야기를 해나갈까 합니다. 교사 교육과정을 처음 만나는 독자들도 있을 텐데, 예시 없이 무작정 특징부터 나열하면 '이게 뭐지?' 하면서 고개를 갸웃할지도 모르겠다는 생각에서입니다.

옆의 표를 한번 봐주시기 바랍니다. 제가 체육전담 교사를 하면서 6학년 친구들과 함께 공부한 '여가활동' 프로그램입니다. 학생들과 제가 공부했던 교과서는 여가활동의 예로 등산, 인라인스케이트, 자전거 타기 등을 소개하는데요, 그중에서 저는 학생들이 좋아하는 인라인스케이트에 집중해 이를 공부거리로 삼아 학교와 집을 오가며 신나게 공부했습니다.

학생들이 다양한 활동을 통해 교과 내용을 삶에서 찾고 실제로 활용하게 함으로써 교과 지식과 삶을 연결시킬 수 있도록, 교과 지식이 삶과 동떨어진 것이 아님을 체감할 수 있도록 교육과정을 생성해보았습니다. 그럼으로써 다양한 방식으로 교과 내용을 실

주(차시)	수업 내용	인라인스케이트 활동 과제			
		학교에서		집에서	
1(1~3)	인라인 기초 과정	글 읽기			• 나의 발달사 • 그래프 그리기 • 선수 달력 만들기 • 나의 자랑 • 수업일지 작성
2(4~6)	인라인 기초 과정	2인 3각 경기, 컬링		느낌을 노래로	
3(7~9)	인라인 기초 과정	• 동영상 보기 • 교육 놀이	인라인스케이트 해설가가 되어 대회 및 좋아하는 선수 조사·발표	글 읽기	
4(10~12)	인라인 중급 과정	• 글 읽기 • 그림자처럼 • 줄지어 타기		인터뷰	
5(13~15)	인라인 중급 과정	• 동영상 분석 • 공통점과 차이점 • 밴다이어그램		자기 모습 그리기	
6(16~18)	인라인 하키, 책거리	• 누구일까요? • 수업 소감 나누기			

제 경험할 수 있도록 학생들이 현재 마주하고 있는 상황과 현실을 적극적으로 반영해보았고요. 그 의도와 목적이 읽힌다면 좋겠습니다.

이와 같은 교사 교육과정에서 읽어낼 수 있는 특징 중 첫 번째는 '개발 주체의 측면'에서 찾을 수 있습니다. 교사 교육과정은 국가 수준-지역 수준-학교 수준-교사 수준 교육과정의 계열에 위치합니다. 교사 교육과정은 교사가 교육과정 개발의 주체가 되어 직접 교육과정을 편성하고 운영하는, 달리 말해 교사 수준에서 개발, 운영하는 교사 수준 교육과정의 특성을 갖습니다. 자국의, 자기 지역의, 자기 학교의 요구와 특성을 반영해 각 수준의 교육과정을 개발하다시피 교사 수준 교육과정에는 당연히 각 학급 또는 학년의 요구와 특성이 반영될 수밖에 없고, 그 일을 할 수 있는 사람은 개별 교사 자신 외에는 없겠죠.

둘째, '운영 주체의 측면'에서 교사 교육과정은 지역별-학교별-교사별 교육과정의 특성을 갖습니다. 2015와 2022 개정 교육과정에 OECD 'education 2030' 프로젝트의 역량 개념을 반영했듯이, 국가는 세계의 교육 흐름을 반영해 교육과정을 개발하고 각 시도 교육청에 그 운영을 위임합니다. 각 시도에서는 지역의 보편적 특성과 요구를 반영한 지역 교육과정을 편성해 단위 학교에 그 운영을 위임하고, 단위 학교에서는 이를 바탕으로 다시 학교 교육과정을 편성하죠. 그리고 학교 소속의 교사들은 학교 단위의 교육 행사와 학년·학급 단위의 수업을 통해 이를 실현합니다. 이는 개별 교사 각자의 가치관과 철학 또는 그가 처한 현실과 교실 상황에 따라 각기 달리 이루어질 겁니다. 그 점에서 교사 교육과정은 곧 각각의 교사별로 실천하고 운영하는 교사별 교육과정이라고 할 수 있습니다.

셋째, '개발 유형 측면'에서의 특성입니다. 교사 교육과정은 개발 과정에서 국가 교육과정 의존도 또는 사용 정도와 관련해 교과서 재구성-교육과정 재구성curriculum reconstruction-교육과정 개발curriculum development-교육과정 생성curriculum making의 계열을 갖습니다. 교과서 재구성은 교과서가 제시한 학습 내용과 순서를 학생과 교사가 처한 상황에 맞게 재조정하거나 새로이 만드는 것을 뜻하고, 교육과정 재구성은 단원과 차시를 바꾸거나 단원을 구성하는 제재를 자신의 학교와 지역에서 구할 수 있는 소재로 대체해 학습의 장을 마련하는 것을 가리킵니다. 또는 교과를 합쳐 한 번의 활동으로 두세 개 교과를 함께 진행하는 것을 말하기도 하고요. 한편 교육과정 개발은 학습자의 특성과 학습-교수의 맥락과 상황에 따라 교육과정 문서와 자료를 재구성·재구조화함으로써 교육 내용을 수정·보완하는 일을 뜻합니다. 여기서 학습자 친화적으로 한 걸음 더 나간 것이 교육과정 생성인데요, 이는 학습-교수에 필요한 내용과 자료, 학습의 방법을 학습자와 교수자가 처한 삶의 상황에 맞게 아예 새롭게 만드는 일입니다.[13] 제가 위 표에서 예시한 인라인스케이트 교사 교육과정을 통해 하려고 한 일이 바로 이 교육과정 생성이죠.

 네 번째 특성은 '개발 이유와 목적의 측면'에 있습니다. 교사들은 학생의 학습 스타일을 고려한 학생 맞춤형 수업(학생 요구, 동기, 수행 능력 향상 등)을 위해서, 학습자의 현실(학생 및 학교, 지역사회가 처한 환경과 상황 등)을 반영한 주제 중심 프로그램의 생성·운영을 위해서, 교육과정 자료(특히 교과서)의 부실함과 부적절함을 보완하기 위해서, 끝으로 교과 지식과 학생 삶의 연결을 위해서 교사 교육과정을 만들어 운영합니다.

다섯째, '개발 범위 측면'의 특성입니다. 교사 교육과정은 차시 수업에서[14] 단원 개발[15], 간교과·다교과적 수업을 위한 주제 개발 및 생성[16], 그리고 전라북도교육청의 '학교교과목'에 이르기까지 매우 폭넓은 범위를 보입니다. 제가 한 것은, 정확히 일치하지는 않지만 단원 개발에 해당되겠군요.

여섯째, '교육과정 적용의 측면'에서 교사 교육과정은 실현된 enacted 교육과정이라는 특성을 갖습니다. 교사 교육과정은 교사가 국가-시도-학교 수준의 각 교육과정에 따른 실질적인 학습-교수를 수행하는 마지막 주체로서 개발·운영하는 교육과정이기 때문입니다. 달리 말해 각 수준의 교육과정은 개별 교사의 학습-교수 계획과 수업에 의해 비로소 실현됩니다. 그리고 저는 2015 개정 체육과 교육과정이 요구한 '여가활동'을 제 방식으로 실현했고요. 아마 다른 교사라면 다른 방식으로 실현할 겁니다.

이제껏 이야기한 특징을 요약해 교사 교육과정을 정의하면 이렇습니다.

교사가 교육과정 생성에 관한 권한을 창조적으로 발휘하여 학생이 지금-여기에서 살아가고 있는 삶을 내용 체계의 자료, 바탕으로 삼아 개발한 것으로, 교실 또는 학급에서 실질적이고 실제적으로 실행, 실천하는 교육과정.[17]

저는 교사 교육과정이 경험 중심 교육의 현대적 실천이라고 생각하는데요, 그 이유를 얘기해볼까 합니다.

교사 교육과정과
경험 중심 교육과의 관계

잠시만 다시 상기해보겠습니다. 우리가 '경험 중심 교육이다' 또는 '경험 중심 교육과정이다' 하고 이야기할 때 그 경험은 무언가를 '해보는 것'이자 이 '해봄'을 통해 일어난 어떤 결과를 당하고 받아들이는 일의 상호 되먹임 과정, 즉 얽힘이라고 얘기했죠. 이는 고정된 것이 아니라 연속적으로, 또 끊임없이 갱신되고 재창조되는 것이라고 이해해야 한다는 말과 함께요. 그 얘기가 뜻하는 것은 무조건 해보기만 한다거나 반대로 일방적이고 수동적으로 당하기만 하는 것만으로는 경험이라고 할 수 없다는 것이었습니다.

여기서 중요한 것은 경험은 자신이 현재 맞닥뜨린 문제, 달리 말하면 삶의 문제를 풀어가는 과정에서 겪는 경험일 때 비로소 유의미한 것이 된다는 거였죠. 따라서 경험 중심 교육이란 학습자에게 지식을 꾹꾹 눌러 집어 넣고 그걸 쥐어짜는 것에서 벗어나 이와 같은 유의미한 경험을 할 수 있도록 시공간을 만들어주는 것으로 이해해야 한다고 갈무리했습니다.

그런데 제가 알아본 바로는 교사 교육과정이 학생들에게 바로 이런 경험을 제공하고 있었습니다. 교사 교육과정은 학습자와 교사가 처한 환경과 삶의 현실을 적극적으로 반영하고, 이를 위해 교과 지식과 학생들의 삶을 관련지어 개발하고 생성한 교육과정이기 때문인데요, 위에서 정리한 교사 교육과정의 여섯 가지 특징 중 세 번째와 네 번째 특징들이 그 점을 정확하게 보여주고 있죠.

지식은 그 자체로 기억 속에 차곡차곡 쌓여 보존되는 것도 물론 중요하지만 그보다는 우리 삶의 문제, 즉 실제적 문제에 실제로 활용되고 적용될 때 더욱 유의미한 거라는 경험주의 교육사조의 주장에 저는 동의합니다. 그래야 비로소 그 지식이 내 몸에, 나에게 맞는 형태로 각인될 수 있기 때문입니다. 교사 교육과정은 이처럼 교과 지식을 구체적 문제 사태에 적용하게 하면서 또는 교과 지식을 통해 구체적 문제 사태를 풀어가면서 학생들 자신의 방식으로 지식을 다루고 익히게 합니다. 그럼으로써 그 지식을 학습자 자신의 것으로 각인시키고 체화시킬 수 있도록 합니다. 요컨대 경험의 '본격적 사태'를 만들고 이를 전달하고자 또는 가르치고자 하는 상징, 지식, 아이디어 등의 상징적 경험과 연결할 수 있게 하는 일, 즉 '직접적 인식' 또는 '직접경험'을 할 수 있게 해주는 일이 학교교육이 해야 할 일차적인 일인데, 저에게는 교사 교육과정이 그 일을 할 수 있는 한 가지 방식으로 보입니다.

교사 교육과정은 커리큘럼이 아니다

그런 점에서 저는 교사 교육과정을 단순히 'teacher curriculum'이라고 불러서는 안 된다는, 약간은 급진적인 생각을 가지고 있습니다. 교육과정의 영어 단어인 curriculum, 그리고 이를 운영하는 학교, 즉 school이란 용어에 태생적으로 담긴 한계와 제한점, 폐쇄성 때문입니다.

우선 curriculum은 경주마가 달리는 코스, 트랙을 뜻하는 라틴어 currere(쿠레레)에서 유래된 말입니다. 트랙은 이미 만들어져 주어진 것이기도 하고 또한 닫혀 있기도 하죠. curriculum 역시 다르지 않습니다. 그걸 어떤 식으로든 비틀고 재구성하고 제멋대로 해석한다 하더라도 이미 '주어진' 것, '닫힌 것'에 대한 비틂, 재구성, 해석이라는 것은 변하지 않습니다.

그리고 school은 생계에 필요한 일에서 잠시 벗어나 잘 선택되고 정리된 과거의 문학적·인문학적·교양적 지식을 배우는 여유라는 뜻의 그리스어 $\sigma\chi o\lambda\eta$(스콜레), 그 뜻을 그대로 이어받은 라틴어 schola(스콜라)를 어원으로 갖는다는 점에서 또한 그렇습니다. 이미 잘 선택되고 정리되어 주어지는 것이 curriculum이고, 이를 배우기 위한 여유를 누리는 곳이 곧 학교라는 말입니다. 애초에 다분히 폐쇄적이고 제한적이죠.

그런데 교육과정 생성의 경우처럼 국가 교육과정의 성취기준이나 내용 체계를 참고는 하되 크게 구애받지 않고, 학생과 교사가 당면한 삶의 상황과 현실을 반영해 교육과정을 아예 새롭게 만들기도 하는 교사 교육과정을 어떻게 curriculum이란 용어에 가둘 수 있을까요? 그래서 저는 최근 수행한 한 연구에서 teacher curriculum을 대신할 대체 용어를 제안해보았습니다. curriculum이 명시적·암묵적으로 배제시킨 것들, 교사 교육과정이 함의하는 것들에 대한 영어 단어를 찾고, 그 어원을 거슬러 올라가 어근을 취한 다음 접미사인 '-culum'을 붙이는 식으로 만들었습니다. 다음

네 가지가 그것인데요, 뒤쪽에 풀이한 의미가 curriculum이 배제한 것들, 교사 교육과정이 함의하는 것들이라고 저는 생각합니다.[18]

- Alter → alculum(알큘럼): 변경, 변형, 수정을 뜻하는 'alter'의 어원은 라틴어 'alter'입니다. '뭔가 다른 것the other(of the two)'이라는 뜻이죠. 이 단어의 어근인 al-과 curriculum의 어미 -culum을 결합하여 만든 조어입니다.

- Change → cambiculum(캄비큘럼): 바꾸다, 변경하다, 다르게 만들다의 뜻을 가진 'change'의 어원은 라틴어 'cambire'이며, 교환barter, exchange을 뜻합니다. 어근 camb-을 떼어 -culum과 결합시켰고, 부드러운 발음을 위해 camb-과 -culum 사이에 i를 추가했습니다.

- Spread → superculum(슈퍼큘럼): 확산, 뻗어나감을 뜻하는 'spread'의 어원은 초기 독일어 'spreiten'이며, 뜻은 'spread'와 동일합니다. 어근 spreit-는 같은 뜻의 인도-유럽어 단어의 어근 sper 가 변형된 것으로 퍼뜨림, 흩뿌림의 뜻을 가집니다. 독일어 어근 spreit-을 사용해 -culum과 조합하면 spreitculum, 인도-유럽어 어근인 sper-을 사용하되 발음의 편의를 위해 u를 추가하면 이와 같이 superculum이 됩니다. spreitculum은 제쳐두고 superculum만 제시한 것은 '슈퍼~'

93

하면 뭔가 근사하기도 하지만, 교사 교육과정의 의미를 보다 적확하게 표현하기 위함입니다.

- Make → magiculum(매직큘럼): 만들다, 생성하다의 뜻을 지닌 'make'의 어원도 고대 독일어에서 왔는데요, 'mahhon'이 그것입니다. 구성하다construct, 만들다make라는 뜻이죠. 어근 mah-는 인도-유럽어 어근 mag-에서 왔고, 반죽하다knead, 만들다fashion, 맞추다fit라는 뜻입니다. 교사 교육과정은 상위 교육과정을 자료로 실제 학습-교수를 수행하는 학생과 교사가 마주한 현실, 상황 그리고 삶을 담은 고유의 구체적인 학습 내용과 방법, 과정을 새롭게 만들고 생성하고 수행하는 마법 같은 일입니다. 그래서 mah-보다는 mag-를 택하는 게 그 의미를 구현하는 데 더 적합하다고 생각했고, -culum과의 부드러운 연결과 발음을 위해 가운데 i를 추가했습니다.

경험이 무엇인가를 상기하면서 교사 교육과정을 얘기하고, 어원에 입각해 'curriculum'과 'school'이 가질 수밖에 없는 한계를 드러내며 그 대체어까지 제안하다 보니 새삼 학교가 무엇인가를 다시 생각해보지 않을 수 없습니다. 어떤 사람이 그런 말을 했답니다. "학교school에서 '쉿sh'을 빼면 정말 멋진cool 곳이다"라고요. 어떻게 하면 학교를 지금보다 더 멋진 곳으로 만들 수 있을까요? 듀이가 쓴 한 구절이 떠오릅니다.

학교는 삶의 전형적인 모습을 나타내어야 한다. 이 삶은 아동이 가정에서, 이웃에서, 놀이터에서 살고 있는 삶, 그것과 다름없이 실감과 생기를 가진 것이어야 한다.[19]

6
교실 민주주의

영화 「죽은 시인의 사회」 이야기로 시작할까요? 배경은 미국의 입시 명문 사립고등학교인 웰튼 아카데미입니다. 이 학교는 '입시 명문'답게 대단히 엄격하고 권위적인 교사들에 의해 엄숙한 학구적 분위기가 유지되는 곳입니다. 학생들은 끽소리 못 하고 교사들의 지시와 통제, 명령에 따라야만 하죠.

그러던 어느 날 존 키팅이라는 문학교사가 새로 부임합니다. 축구부 주장에 수석 졸업을 하고 옥스퍼드에서 수학한 이 학교 졸업생이죠. 부임 첫날 첫 시간부터 교과서 서문을 찢어서 쓰레기통에 버리라는 둥, '카르페 디엠Carpe Diem'이라며 오늘을 즐기라는 둥 학생들의 재능과 삶, 권리를 존중하고자 애썼던 키팅은 결국 연기에 큰 관심과 재능을 보였던 제자 닐의 자살 사건으로 해고를 당하고 맙니다. 학교는 키팅의 존재와 그가 남긴 다양한 유산을 지우고 예전의 엄숙하고 엄격했던 분위기를 되찾으려 하고요. 키팅이 가방을 들고 쓸쓸히 교실을 나설 때 그를 따르던 몇몇 학생들이 "오 캡틴 나의 캡틴"을 외치며 책상 위로 올라서는 장면은 이 영화의 백미가 아닐까 싶습니다.

폐쇄적인 학교, 엄숙한 학업 분위기, 엄격하고 권위적인 교사,

자유의지에 따라 자신의 재능을 선택하지 못한 채 부모와 학교가 강요하는 삶을 살아야 하는 학생들. 지금 머릿속에 어떤 말이 떠오르나요? 민주주의. 네, 맞습니다.

지난 문재인 정부의 100대 국정 과제 중 하나였던 '교육 민주주의 회복'은 교육과정 지역화·분권화를 더욱 밀고 나가 교육 자치를 인정하고 수행하는 방향으로 추진됐습니다. 종착역은 학교 자치 그리고 교실 자치였고요. 통칭해서 교육이지, 특히 제도 교육을 실현하는 가장 작은 단위는 교실, 학교이기 때문입니다. 이와 관련해 학교에서 민주주의에 관한 교육이 이루어지는 것에서 그칠 게 아니라 학교 자체를, 학교의 기초 구성단위인 학급을 민주적으로 운영되는 시공간으로 만들어야 하지 않겠는가 하는 질문이 대두됩니다.

웰튼 아카데미로 다시 돌아가보겠습니다. 엄숙한 분위기 속에서 민주시민에 관한 교육을 실시한다고 해서 그 학교가, 수업과 생활이 이루어지는 기본 단위인 학급이 민주적이라고 할 수 있을까요? 학생의 의견과 재능 등에 대한 존중은 아무리 눈을 씻고 찾아봐도 하나도 없는 곳인데 말입니다. 이러한 비판과 질문에 힘입어 교육 자치, 학교 자치를 추구하면서 학교의 민주적 분위기에 대한 관심도 조금씩 높아지는 모양새입니다.

이번 꼭지를 준비하면서 이런저런 자료를 찾다가 알게 된 건데, 그런 분위기를 감지했는지 몇몇 시도교육청에서는 '학교 민주주의 지수'라는 것을 개발해 해마다 조사하고 있더군요. 각 시도별로 평가 영역이나 지표, 점수 체계도 다르고 또 해마다 점수도 조금씩 다르지만, 공통적인 것이 있다면 학교 민주주의 점수는 교사가 가장 높고 그다음이 학부모, 학생 순이라는 것입니다. 날마다 교육의 3주체가 어쩌고, 학교의 주인은 학생이며 '수요자' 중심의 교육과정을 운영하고 저쩌고 떠들어는 대는데 정작 '3주체' 중 하나인, 학교의 주인인, '수요자' 중 으뜸인 학생들의 학교 민주주의 점수가 가장 낮다니. 어떻게 이해해야 할까요? 학생과 교사 간 시각 차가 있다는 것은 굳이 얘기할 필요가 없을 것 같고, 우선은 인류학적 연구를 통해 왜 이런 차이가 생기는지 알아보는 일이 급선무일 것 같습니다. 그러나 그보다 더 근본적인 일이 필요하지 않을까요? 이 책을 꿰뚫는 기조, 물어야 하나 물어지지 않는 것에 대한 관심 말입니다. 여기서 물어야 할 것은 '민주주의란 무엇인가?'이겠죠.

민주주의란 무엇인가

민주주의의 개념이나 쓰임새가 워낙 복잡해서 단 한마디로 정의하기는 어렵습니다. 그럼에도 한 가지 분명한 것은 민주주의는 사실 민주제, 민주정 등으로 번역하는 게 더 적절한 하나의 정치체제라는 것이죠.

그러나 학교, 학급을 운영하는 정치체제로서 민주주의를 도입한다는 것은 앞뒤가 맞지 않습니다. 학교는 통상적으로 국가 같은 정치체가 아니라 교육기관으로서의 역할과 기능을 갖기 때문이고, 그 점은 학급도 마찬가지입니다. 물론 학교나 학급 역시 다양한 삶의 형식들이 얽혀 있는 곳인 만큼 그 안에 정치가 없다고 말하지는 않겠습니다. 가령 이문열의 소설 『우리들의 일그러진 영웅』의 담임교사와 엄석대, 한병태 등 등장인물들 간의 행위처럼 말이죠. 하지만 '학교, 학급이 민주적이다' 혹은 '민주적이지 못하다'라고 말할 때의 민주주의는 통치체제로서의 민주주의보다는 그 원리와 가치를 실현하려는 삶의 태도 또는 양식으로서의 민주주의를 말하는 것으로 보아야 할 것입니다. 따라서 '학교, 학급은 민주적인 곳이 되어야 한다'라는 말은 민주적 삶의 양식을 유지하고 실천하며 기르는 곳이라는 의미로 이해하는 것이 타당하겠죠.

민주적 삶의 양식이 갖추어야 할 요소로는 두 가지가 있습니다. 하나는 구성원들 사이에 의식적으로 공유되는 관심사의 수와 그 종류의 다양성이고, 다른 하나는 다른 관심사를 공유하는 집단들과의 충만하고 자유로운 상호 교섭입니다. 좀 막막하죠? 한 가

지식 뒤살펴보겠습니다.

우선 첫 번째 요소입니다. 흔히 '한국 사회'라고 말은 하지만 실은 그 안에 셀 수 없이 많은 작은 사회들이 있습니다. 한 사회를 사회로 묶이게끔 하는 것은 구성원들 사이의 공동의 관심사 또는 공동의 목적입니다. 가령 축구 동아리는 축구가 공동의 관심사일 테고, 피구 동아리는 또 피구가 그럴 것입니다. 저마다의 관심사가 다 다르니 공동으로 모집을 수 있는 관심사 또한 스포츠, 음악, 미술, 인문학, 역사, 종교 등 셀 수 없이 많겠죠. 문제는 그런 관심사를 그 사회에서 인정하느냐 하지 않느냐입니다. 그 무수한 관심사를 인정하지 않고 특정 집단, 특정 계층의 관심사만 좇으라고 하는 사회를 민주사회라고 부르기에는 문제가 있습니다. 독재사회라고 할 수 있겠죠. 민주사회에 대한 인민의 열망과 관심을 무시한 채 총과 칼로 짓밟으려고 했던 과거 우리나라의 군부독재 때처럼요. 학교도 마찬가지입니다. 학생들은 운동에 관심이 많은데 공부만 하라고 윽박지른다면 그 역시 민주적인 학교라고 볼 수 없을 겁니다. 웰튼 아기데미처럼 말입니다

한 가지가 더 필요합니다. 다른 사회의 공동의 관심에 대한 '의식적 공유' 말입니다. 이게 필요한 까닭은 경험의 확장, 이를 통한 비형식적 교육의 가능성 때문입니다. 다른 이들의 경험을 내 삶에 받아들이고, 내 경험을 다른 사람에게 전하기 위해 그 사람의 눈

높이에 맞게 정련하고 형식화하는 과정에서 경험을 확장하고 그간의 내 경험을 정리할 수 있습니다. 이러한 과정은 곧 성장으로 이어지겠죠. 말 그대로 비형식적 교육이 일어납니다. 여기에 저는 한 가지 더 보태고 싶은데요, 공동의 관심, 경험에 대한 의식적 공유는 곧 타인에 대한 이해와 깊이 관련된다는 것입니다.

타인의 관심사, 경험에 대한 의식적 공유는 그 사람, 그 사회에 대한 어지간한 관심이 없고서는 실은 불가능한 일입니다. 특히 요즘처럼 먹고사느라 바쁜 시대, 또 '좋아요'와 '댓글', '구독 설정', '알림'이 관심의 동의어로 간주되는 시대에는 더 그렇습니다.「흥미」 꼭지에서도 말했지만 관심interest은 '사이에 있는 것'입니다. 존재est와 존재est 사이inter, 그것이 관심이라는 말입니다.「흥미」 꼭지에서의 사이와는 좀 다른 측면이죠?

여기서 말하는 존재란 통상적으로 이야기하듯 단지 그냥 '있다'는 게 아니라 내가 관심 있는 무언가, 예컨대 어떤 사람의 현재 모습에 더해 그의 과거, 아직 결정되거나 현실화되지 않은 잠재성까지도 포함하는 그 사람 또는 그의 삶 전체를 뜻합니다. 이런 뜻에서의 한 사람, 한 사회의 존재와 나라는 존재 사이에 있는 것이 곧 관심입니다. 그래서 관심이 없으면 아무 사이도 아니게 되는 거죠.

내 옆에 경험을 공유하고자 하는 사람이 있습니다. 우선 그 사람이 내 경험을 필요로 하는지, 만약 그렇다면 어느 정도와 수준까지 이야기를 듣고 싶어 하는지, 왜 그 경험을 필요로 하는지, 어떻게 해야 그 사람이 원하는 경험을 곱다랗게 전할 수 있을지 알아야 합니다. 그건 상대도 마찬가지일 거고요. 그렇지 않으면 내 경험을 공유하기 위해 하는 말은 산말이나 산소리가 아닌 흰소리가 되고 말 겁니다. 이처럼 그의 존재에 대한 관심이 있어야 비로소 타인의 이야기에 진심으로 귀를 기울이고, 그럼으로써 그 사람, 사회의 경험을 온전히 내 것으로 받아들일 수 있게 될 겁니다. 또한 내 경험을 다시 타인에게 전할 수 있을 겁니다. 그렇게 서로에 대한 관심이 충만한 채 경험을 주고받는 과정 속에서 우리는 비로소 서로를 이해할 수 있게 되겠죠. 관심을 갖는다는 것, 서로를 이해한다는 것, 그런 관심 속에서 경험을 공유한다는 것은 그렇게나 어려운 일입니다.

그런데 작금의 한국 사회는 이해와 관심에 따른 경험의 의식적 공유 또는 그에 따른 서로를 이해하려는 마음이 과연 있는 곳인가 아연합니다. 남북으로, 동서로, 이념으로, 남녀로, 세대로 갈라져 귀는 닫고 입만 연 채 서로에 대한 가시 돋친 독설로 연일 으르렁대는 모습을 보면 그런 생각이 들지 않으려야 않을 수가 없더군요. 귀가 두 개고 입이 하나인 까닭은 타인의 말을 더 많이 듣고 내 말은 더 적게 하라는 뜻이라던데 말입니다. 어쩌면 저도 마찬가지일 테지만요. 여하튼 동료교사와 내가 만나는 학생들을, 학생을 둘러싼 주변 환경을 더욱 깊이 이해하려 할 때, 그렇게 서로의 경험과 관심을 의식적으로 공유하고자 노력할 때 우리 학교는, 우리 학급은 민주사회에 가까워질 수 있을 것입니다.

두 번째 요소는 다른 사회와의 자유롭고 충만한 교섭입니다. 경험과 지식의 독점이 있어서는 안 된다는 이야기인데요, 다른 말로 하면 '지식의 민주화' 정도로 줄잡아 정리할 수 있겠습니다.

사회의 유지와 존속에 필요한 지식은 이야기를 통해 전수되었습니다. 그러다 문자의 발명과 함께 기록이 시작되었죠. 그러나 문자는 특정 계급, 즉 귀족이나 지식층의 전유물이었고, 문자 교육은 귀족층 자제들을 대상으로 제한적으로, 폐쇄적으로 이루어졌습니다. 결국 지식은 특정 계층에 의해 독점될 수밖에 없었고, 지식과 경험의 자유로운 교환과 교류는 불가능했습니다. 게다가 귀족과 평민, 평민과 노예 등의 계급으로 구분된 사회구조는 그러한 교류를 더욱 어렵게 만들었고요.

이와 같이 지식과 지식, 경험과 경험의 자유로운 교류와 소통을 막는 경계를 허물자는 것, 그 문턱을 낮추자는 것, 그럼으로써 지식의 민주화를 이루는 것이 민주주의 사회가 갖추어야 할 두 번째 요소입니다. 민주주의 사회는 평등을 기반으로 하는데, 지식을 독점하는 계층이 있을 경우 지식을 중심으로 계층이 구분되고 서열화되고 위계화됨으로써 서로 간 평등한 관계를 해치게 되는 것은 자명한 일입니다.

한 가지 더 생각해보아야 할 것은 지식 자체에 대한 우열 판단을 통한 지식의 서열화·위계화입니다. 세상에는 더 우월한 지식과 더 열등한 지식이 있을까요? 가령 과학이나 수학, 철학같이 '이론적', '사변적' 지식은 우월하고, 소를 키우거나 작물을 재배하는 데 필요한 '실제적' 지식은 열등할까요? 그래서 이론적 지식을 소유하거나 만들어내는 집단은 우월하고, 실제적 지식을 가진 집단은 열등할까요? 지식과 지식 사이에는 우열을 구분할 수 있는 명확한 경계가 있으며, 한번 그어진 경계는 고정된 채 불변하는 걸까요?

글쎄요, 저는 그렇게 생각하지 않습니다. 이론적인 것과 실제적인 것이 그렇게 외수없이 구분된다거나, 한 번 나눠지면 고정불변하는 것은 아닌 것 같습니다. 상황에 따라 이론적인 것이 실제적인 것이 될 수도, 그 반대가 될 수도 있는 상대적인 것이고, 이론과 실제 또는 실천은 서로 얽혀 있는 것이라고 사회학자 알튀세는 주장했죠. 사실이 그렇습니다. 우리가 교실에서 사용하는 교수법을 생각해보면 분명합니다. 아마도 대학이나 책에서 배운 교수법 이론을 내 상황에 맞게 적용해 만든 독특한 교수법일 것이고, 그런 특수한 교수법들을 모아 추상해서 정리한 것이 우리가 배운 교수법 이론입니다. 그렇게 따지면 내 교수법의 어디까지가 이론적인 것이고, 어디까지가 실제적인 것일까요? 이론적인 지식과 실제적인 지식은 우열의 관계에 있는 것이 아니라 씨줄과 날줄 같은 관계를 이루고 있다는 것, 그렇게 얽혀 있는 것이라는 게 제 생각입니다.

요지는 집단의 구분, 각 집단의 관심에 따라 이론적인 것과 실제적인 것 또는 중요한 지식과 덜 중요한 지식을 구분하고 이를 고정시킨 채 이해할 것이 아니라 이 구분은 상대적임을 알고 서로의 지식과 경험에 관해 평등하게 소통할 수 있는 기회를 마련해야 한다는 것입니다. 학자들과 마을 사람들, 정부와 국민, 기업인과 노동자, 교사와 학생, 학부모와 학생 등 누구든 어떤 집단이든 가릴 것 없이요. "그렇지 않으면, 어떤 사람들을 주인으로 만드는 교육이 또 어떤 다른 사람들은 노예로 만드는 결과"가 될 것이고, "다양한 생활경험의 자유로운 교환이 정지될 때에는 각 개인의 경험 또한 그 의미를 상실"[20]하게 될 겁니다. 우리 학교, 우리 교실의 민주화는 그렇게 만들어가야 하겠습니다.

교실 민주주의의 출발, 다름을 인정하는 것

교육은 '성장'을 목적으로 삼아 '더 나은 삶'을 추구하는 행위입니다. 이와 같은 교육의 목적과 속성을 생각할 때 교실이, 나아가 학교가 갖추어야 할 필수(요)조건이 있다면 아마도 생성 또는 창조가 아닐까요? 더 나은 삶을 추구하는 것이 곧 부단한 성장의 과정에 있는 것이고, 성장은 계속해서 경험을 쌓아가는 것, 어제의 경험을 바탕으로 새로운 경험을 생성하고 창조하는 것이기 때문입니다.

생성 또는 창조의 힘은 재미있게도 요즘 사회적으로 가장 문제가 되는 단어, '차이' 또는 '다름'입니다. '갑자기 웬 다름?' 하고 의문을 가질 독자들이 있을지도 모르겠습니다만, 앞서 말한 민주주의의 두 가지 조건, 즉 '교류되는 관심사의 수와 다양성', '집단 간 자유롭고 충만한 상호 교섭과 교류'에 이미 잠재되어 있는 개념입니다. 왜냐하면 사회 구성원의, 또 각 집단들의 관심사와 경험이 서로 다를 때 비로소 각 개인 간, 집단 간 관심사가 풍성하게 교류되고 충만하게 상호 교섭될 수 있을 것이기 때문입니다. 관심과 그 관심사에 대한 경험이 같다면 굳이 만나서 얘기하고 교섭할 필요가 없겠죠. 그러니 민주주의를 얘기하는 이 자리에서 다름을 언급하는 것은 아주 자연스러운 수순입니다.

그런데 교실에서 '다름' 또는 '다름을 인정한다는 것'을 사용하는 상황이나 용법을 보면 교류나 상호 교섭을 오히려 차단하는 기능을 하는 것 같고, 실제로도 그런 차단을 필요로 하는 상황에서 많이 호출되는 것 같다는 느낌이 강합니다. 가령 다음과 같은 경우죠. 어느 6학년 교실에 붙어 있던 포스터 속 문구입니다.

"서로의 다름을 인정하고 받아들여요. 그리고 서로의 차이를 존중해요."

맞습니다. 생김새부터 성격과 생활 습관 등 유전적인 것에서 심리·정서·사회적인 것에 이르기까지 우리 모두는 우리가 생각할 수 있는 모든 면에서 다 다릅니다. 그리고 당연히 다르다는 것은 '틀린' 것이 아니기에 이를 존중하고 인정해야 하죠. 그런데 학교폭력이 하도 만연해서, 아니면 학생들 사이에서 일어나는 웬만한 일들을 다 학교폭력으로 몰아가려고 해서 그럴까요. 다름 때문에 일어날 수 있는 교섭을 간섭이나 충돌, 다툼 등으로 여기고 그 교섭 속에서 무언가 탄생할 수 있는 가능성을 아예 차단하는 경우가 흔합니다. 제 수업 시간에 있었던 일을 짧게 이야기해보겠습니다.

조별 협력학습을 통해 발표 자료를 만드는 시간이었습니다. 한 모둠에서 소란이 일어났습니다.

"자료가 끝난 것처럼 하고 마지막에 쿠키 영상처럼 무서운 사진을 넣자니까?"

"웃긴 사진을 넣는 게 더 재밌지!"

무슨 일인가 했더니 자료 말미에 '재미'를 주자는 의견에는 모둠원 모두가 동의했으나 그 내용을 무엇으로 할 것인가에서 의견이 갈리고, 그 의견을 조정하는 과정에서 다툼이 일어난 겁니다. 한쪽은 무서운 장면이나 사진을 '갑툭튀' 하게 하자고 한 반면, 다른 한쪽은 웃긴 장면을 사용하자고 주장하면서 옥신각신하기 시작한 거죠.

전례 없이 교사들의 대부분 행위를 곱지 않은 시선으로 보고 어떻게든 트집을 잡으려는 요즘 세상에서 대다수 교사들은 이런 경우 서로의 생각과 이해가 다르니까 친구의 방식도 존중해야 하고, 다툼이나 충돌은 그 다름을 인정하거나 존중하지 않기 때문에 일어나는 일이니 아예 접점을 만들지 말라는 식으로 지도합니다. "이번에는 너희들이 양보해. 돌아가면서 서로 원하는 방식으로 하면 되잖아"라거나 "그렇게 다툴 거면 아예 넣지 말자" 하는 식으로요. 한마디로 '너는 너고 쟤는 쟤이니 각자 갈 길 가는 게 좋겠다'라는 말이죠. 그래야 작은 소란이나 다툼이 큰싸움으로 번질 가능성이 작아지니까요.

하지만 제가 알고 있는 다름 또는 다름을 인정한다는 것은 그런 게 아닙니다. 그보다는 서로 다른 것끼리 만나 새로운 것을 생성하고 창조하는 것, 그런 기회를 만드는 것이 다름을 인정한다는 말의 의미를 좀 더 곱다랗게 살리는 것이 아닐까 생각합니다. 이는 프랑스 철학자 질 들뢰즈의 핵심 사상으로부터 배운 것인데요, 왜 제가 그런 생각을 하게 됐는지 설명하기 전에 먼저 들뢰즈라는 사람이 어떤 얘기를 했는지 간략하게 소개하겠습니다.

다름은 차이라는 말로 바꿔 쓸 수 있는데, 통상적으로 어떤 동일성, 어떤 동일한 조건(종이나 유)을 전제하고서 두 사물을 비교할 때 그 둘 간의 차이를 찾아낼 수 있습니다. 예를 들어 정수와 혜진이는 다릅니다. 정수는 활달하고 개구지만 차분함이나 섬세함이 부족하고, 혜진이는 그 반대입니다. 그래서 학습 모둠을 짤 때 두 학생을 같이 앉히면 참 좋겠다 생각하다가도 서로 다른 탓에 만나기만 하면 으르렁대니 같은 모둠으로 편성하기에는 찜찜합니다. 자, 다시 생각해보죠. 정수와 혜진이가 다르다고 할 때 그건 '우리 반 학생'이라는 동일한 조건을 전제한 차이입니다. 둘이 학생이긴 한데 정수는 이렇고 혜진이는 저렇기 때문에 학생으로서 두 친구의 성격이나 학습 스타일이나 좋아하는 과목이 참 다르다고 생각하고, 따라서 '너희 둘이 다르다는 거 인정하고 서로 그러려니 해. 극단적인 경우에는 서로 안 건드리고 안 놀면 되잖아' 하고 지도하죠. 학교폭력에 대한 우려 때문일 겁니다, 아마도.

그건 당연한 거 아니냐고요? 그렇다면 다른 조건, 가령 좋아하는 영화나 음식, 게임 등을 놓고 보죠. 그럼 다른 차이가 보일 겁니다. '정수는 제 성격과는 다르게 잔잔한 영화를 좋아하는구나. 혜진이는 의외로 공포물을 잘 보네? 어휴, 쟤들은 좋아하는 영화도 다르구나' 하는 식으로요. 요컨대 둘이 동일하게 갖고 있는 어떤 조건을 전제할 때 비로소 차이가 드러난다는 것, 그게 다름 또는 차이에 관한 고전적·통상적 이해입니다.

그러나 들뢰즈가 생각하는 차이는 그런 게 아닙니다. 동일성이 차이를 만드는 게 아니라 오히려 차이가 동일성, 유사성 등 우리의 경험과 인식을 만드는 조건이라는 거죠. 가령 혜진이를 보면 혜진이와 성격이 비슷하지만 이상하게도 정수와 죽이 잘 맞았던 나연이가 떠오른다든가 하는 식으로요. 다른 모든 학생들과 다른 혜진이만의 고유하고 독특한 차이가 나연이라는, 혜진이와 비슷한(유사한, 동일한) 학생을 떠올리게 했다는 거죠. 아마 여기서 한 걸음 더 나아가 나연이와 정수가 어떻게 잘 지냈는지를 떠올리면 정수와 혜진이를 잘 지내게 할, 서로 성장을 위한 교섭에 참여하게 할 방법을 찾을 수 있을지도 모르는 일입니다.

들뢰즈는 이런 식으로 무언가를 만들어내는 차이를 기존의 차이와 구분하기 위해 '차이 자체'라고 부르는데요, 이 '차이 자체'는 두 대상을 동일한 조건, 즉 '동일성'으로 종속·귀속시키지 않았을 때 비로소 나타나는 절대적인 차이입니다. 달리 말해 정수와 혜진이를 '학생'이 아닌 각각의 특수성·특이성·고유성·독특성을 가진 개별자로 보았을 때 나타나는 차이입니다. 한마디로 있는 그대로, 그 자체로 보자는 말이죠. 이 친구들을 특징 짓는 어떤 '개념'이나

'관념'은 잠시 내려놓고요.

'같은 반에서 같은 교육과정을 공부하는 학생'이라는 관념을 내려놓고 보면 정수와 혜진이에게서는 서로 결합시킬 수 있는 다른 특성이 보이거나 또는 이 둘을 협력시킬 수 있는 다른 문제 상황을 찾을 수 있을지도 모릅니다. 소설 『셜록 홈즈』 시리즈의 두 주인공 홈즈와 왓슨처럼요. 만약 홈즈의 조건인 탐정이라든가 왓슨의 조건인 의사로 귀속시켜 둘의 차이를 이해한다면 아마 재앙도 그런 재앙은 없을 겁니다. 둘이 같이 다니며 일하는 그림 자체가 그려지지 않는 조합이죠. 모순 어법 또는 당착 어법도 같은 원리입니다. 가령 '소리 없음'과 '아우성'은 공통점이라곤 찾아볼 수 없는 관계지만, 이 둘의 차이가 만나 '소리 없는 아우성'이 될 때 신기하게도 어떤 느낌을 생성합니다. '차이 자체'는 바로 이런 것, 공통적이거나 공유하는 것은 전혀 없지만 우연히라도 일단 만나면 마주친 그 두 대상을 '공명'시킴으로써 무언가를 생성하는 힘을 가지고 있는 것입니다. 그리고 이는 둘을 그 자체, 특수하고 특이하며 고유한 개별자로 볼 때 가능하고요.

잠깐, 여기서 저는 '차이 자체'라는 생소한 말 대신 '다름'이라는 우리말을 쓰려고 합니다. 어감이 더 예쁘기도 하고, 무엇보다 우리 모두의 다양성을 포괄하는 말로 느껴지기 때문입니다. 이 다름은 무언가 새로운 것을 생성, 창조하는 힘인데요, 노란색과 파란색을 한번 생각해봅시다. 노란색과 파란색은 비슷한 것이 전혀 섞이지 않은 서로 다른 색입니다. 이 둘이 만나면 무슨 일이 벌어질까요? 네, 초록색이 생성됩니다. 프라모델도 그렇지 않나요? 같은 파츠끼리는 절대 결합되지 않고 다른 파츠를 만나야 비로소 결합되어 새로운 파츠를 생성할 수 있죠. 서로가 서로를 상처 주고 지우고 없애는 게 아니라요. 이게 다름의 힘이고, 다름을 인정할 때 생기는 일입니다. 꿀벌과 꽃이 만나 꿀벌은 꿀을 생성하고 꽃은 열매를 만들 듯이.

이와 같은 방식으로 다름을 찾고 인정함으로써 부단히 새로운 경험을 창조하고 생성해 성장하는 교실을 일구는 것, 그것이 결국 자연의 이치, 삶의 이치를 실현하는 교실 민주주의가 갖추고 추구해야 할 또 다른 조건이 아닐까 합니다. 그러나 한 가지, 파심에서 말하지만 다름이 만나 무언가 생성되고 창조될 때 마냥 평화롭고 화기애애한 분위기가 연출될 거라는 생각은 버리는 것이 좋을지 모릅니다. 서로 다른 것이 만날 때 갈등이 생기는 것은 당연한 일이니까요. 이런 갈등을 슬기롭게 해결해가는 과정에서 새로운 것이 생성되고 창조된다고 할 때, 민주주의에서 갈등 해결을 위해 그렇게 강조해 마지않는 대화와 타협, 소수 의견 존중 같은 방법들의 의미와 가치가 비로소 온전히 실현되는 것 아닐까요?

다시 생각하는
교실 민주주의

여기저기서 '공동체'라는 말을 참 많이 씁니다. 학교에도 들어와 있죠? 교육에 관한 학생·교사·학부모 모두의 책임과 주체성을 인정하고 그들 간의 협력을 강조하는 '교육공동체'라든가 교사들의 협력을 끌어내기 위한 모임인 '교사학습공동체', '전문가학습공동체' 같은 것들 말입니다. 그런데 이 책에서 다루는 모든 말들이 그렇지만 이 '공동체'만큼 모호하게 이해되는 말도 없는 것 같습니다. 그저 '여럿이 함께 무언가를 하기 위해 모인 모임, 집단' 정도의 막연한 이미지를 가지고 있는데요, 그렇게 보면 학급 내의 모둠도, 시위를 위해 광화문에 모인 사람들도 모두가 공동체입니다. 그런가요? 그런 모임에서도 '공동체'의 이미지가 떠오르나요? 아마 아닐 겁니다. 왜 그럴까요? 제가 알기로 '공동체'는 우리가 막연히 알고 있는 것 이상으로 더 많은 것, 더 큰 것을 함의합니다.

공동체는 수많은 개별자들, 개체들로 구성됩니다. 공동체의 영어 단어 'community'의 어원을 찾아 거슬러 올라가면 라틴어 'communis(코무니스)'를 만납니다. 이 말을 파자하면 'com(함께, 결합)+munus(증여, 의무)'가 되는데요, 이 결합의 의미를 곰곰이 따져보면 공동체란 '함께 살이를 통해 각 개체들이 자신이 가진 것을 의무적으로 증여하는 관계', '자신이 가진 것을 의무적으로 증여하는 것을 기반으로 여러 개체들이 함께 결합된 관계'라고 할 수 있습니다. 달리 말하면 공동체를 구성하는 다른 개체를 위해 자신의 것을 의무적으로 내놓는, 그러기 위해 자신을 활짝 여는 그런 관계가 바로 공동체란 것이죠.[21]

그렇다면 공동체의 전제 조건은 무엇일까요? 맞습니다. 서로 '다른' 것들의 함께 살이, 결합입니다. 나랑 똑같다면 굳이 결합해서 함께 살고, 나를 내놓을 필요가 없을 겁니다. 다른 사람이 가지고 있는 걸 이미 나도 가지고 있기 때문입니다. 내게 없기 때문에 내게 없는 다른 무언가를 가진 다른 개체가 필요한 것이고, 그들과 공동체를 이루는 것이 아닐까 싶습니다. 그때 필요한 것이 바로 나를 열고 나를 내어놓는 의무이고요. 말하자면 공동체는 서로 다른 개체들이 모여 서로에게 서로를 열고 자기 자신을 내어놓는 그런 관계 맺음입니다. 각자의 삶의 리듬을 갖지만, 그러나 자신을 열어 자신을 내어놓는 공조 관게가 바로 공동체입니다. 그저 '무엇인가를 하기 위해 함께 모인 집단'이 아니라요. 아마도 그런 공동의 관계 속에서는 다른 때, 다른 방식과는 다른 삶의 방식이 생성될 겁니다. 다름의 인정을 통해서, 서로 다름들 간의 만남과 결합을 통해서요. 하고 싶은 말은 **교실 민주주의를 실현하는 한 가지 방식, 방**

향은 우리 교실을 이제까지 말한 의미로서의 '공동체'로 만드는 게 아닐까 하는 것입니다. 다름이 살아 넘실거리고 언제든 자신의 다름을 동료에게 내어줄 수 있는 그런 곳으로.

예를 들어볼까요. 인간 사회에서 발견할 수 있는 공동체의 예(비록 실재하는 건 아니지만)로 '어벤져스'를 꼽고 싶습니다. 캡틴 아메리카, 아이언맨, 토르, 헐크, 호크아이, 블랙 위도우, 스파이더맨 등 서로 다른 재능과 무기와 성격과 종족으로 이루어진 무한한 다름들의 결합. 티격태격하기도 하고 서로 반목하다 위기에 처하기도 하지만, 결국은 자신을 내어놓음으로써 무시무시한 전투력을 생성하는, 이상하리만치 '협력', '함께'라는 말이 어울리지 않을 것 같은 집단이 바로 그들이기 때문이죠.

이렇게 얘기하고 나서 제 행위를 돌아봅니다. 교육이란 이름하에 내가 원하는 방향으로 학생들을 끌고 가려고 하지는 않았는지, 학생들의 다름을 확대하고 증폭하며 학습에 활용하기보다는 핑크 플로이드의 노래 'Another brick in the wall'의 뮤직비디오처럼 서로 다른 학생들에게 똑같은 가면을 씌우고, 똑같은 속도로 걷게 하며, 마치 공장에서 찍어낸 듯 똑같은 모습으로 만들어가고 있는 건 아닌지. 나는 과연 공동체로서의 교실을 또는 개별 학생들이 공동체가 되는 그런 수업을 만들고는 있는지.

오늘도 학교에 가 학생들을 만나야 하는데, 어떻게 하면 이 수

많은 독특한 다름들을 공동의 관계로 만나게 할 수 있을까 이래저래 고민이 깊어가는 새벽입니다.

7
학습자와 교사

이 책을 한창 쓰던 2023년 7월, 실로 너무나 안타까운 죽음이 발생했습니다. 일부 학부모의 악성 민원과 이른바 '갑질'에 시달리던 서울의 모 초등학교 교사가 스물네 살의 꽃다운 나이에 자신의 교실에서 스스로 목숨을 끊은 일인데요, 이 사건이 발단이 되어 '방학까지 있는 철밥통 공무원'에 대한 세상눈에 눌려 쉬쉬하고 있었던 교사들이 너도나도 앞다퉈 '교사미투'를 시작했고, 더불어 그동안 학생 인권에 가려져 제대로 작동하지 않았던 교권에 대한 관심이 폭발적으로 증가했습니다.

교권 수복을 위한 일부 시민들과 교사들의 시위와 단체 행동이 일었고, 교원 단체들도 교권 침해 행위에 더는 좌시하지 않겠다며 교육청을 항의 방문하고 교사들의 의견을 모으는 등 사후 대책 마련을 위해 절치부심했습니다. 사건 직후 한 누리꾼에 의해 국회국민동의청원 홈페이지에 제기된 '학부모의 악성 민원 및 학생 폭언, 폭행에 대응할 수 있는 제도 및 법 제정에 관한 청원'은 이틀 만에 5만 명의 동의를 얻었는가 하면, 해당 부처인 교육부와 국회는 학생인권조례안, 교원지위법, 초중등교육법 등을 손보고 학부모에 의한 교권 침해 행위를 그 자녀의 생활기록부에 기재하겠다는 등 교권 확립을 위한 잰걸음에 나섰습니다. 한 가지 '웃펐던' 사실은 일련의 사건들이 연이어 일어나면서 학부모들이 몸을 사렸는지 민원이 뚝 끊겼다는 소식이었는데요, 피어보지도 못한 젊은이가 학부모들에게 당한 자신의 억울함과 고통을 안타까운 죽음으로 세상에 알리지 않았고, 교권에 대한 사람들의 관심이 재점화되지 않았다면 과연 학부모들의 민원이 줄어들었을까 하는 생각에 세상 씁쓸했습니다.

뒤늦게나마 교육 '수요자'인 학부모들의 폭주를 진정시킬 수 있는 제도를 정비하겠다고 나선 것은 교사의 한 사람으로서 환영할 만한 일입니다만, 2011년 대구 학교폭력 자살 사건 때처럼 왜 이런 안타까운 일이 발생하고 나서야 우리 사회는 그에 대한 관심을 보이고 허둥지둥 법과 제도를 정비하는 등 대책 마련에 나설까 화가 치밉니다. 아울러 그렇게 급하게 마련한 것들이 과연 근본적인 대책이 될 수 있을까 하는 의문이 끝없이 샘솟습니다. 모르긴 몰라도 학생인권조례가 모두의 입장이 아니라 오직 학생이라는 집단, 그 한쪽의 시선에서만 일방적으로 제정되고 시행됐던 것처럼, 그러다가 이 사달을 낸 것처럼 교권 확립을 위하겠다는 대책들이 이번에는 오로지 교사라는 집단, 그들의 시각만을 우선시한 채 수립되는 것은 아닐까 염려하게 됩니다. 언제는 학습자를 중시했다가, 이번에는 교사에 관심을 가졌다가, 다음에 또 다른 사건이 터지면 또 학습자를 강조하겠죠. 언제까지 모두의 존재를 고려하지 못하는 누더기 정책으로 서로가 서로를 적대시하게끔 하는 것으로도 모자라 상대를 벼랑 끝으로 내모는 치킨게임 같은 행보를 이어가는 것을 지켜봐야 할까요?

학습자와 교사, 학부모 모두가 안전하고 행복하게 교육에 참여할 수 있는 제도와 정책 마련 자체를 반대하는 것이 아닙니다. 교육학을 공부하고, 현장에서 아이들을 만나는 교사로서 누구보다 그런 제도와 정책이 마련되기를 진심으로 바랍니다. 하지만 그보다 중요한 것, 우선해야 할 것은 학습자와 교사는 어떤 사람들이며, 그 관계를 어떻게 맺어야 하는가에 대한 이해가 아닐까 생각합니다.

학습자와 교사 1
: 호혜적 관계

문민정부 시절 1995년에 발표된 5·31 교육개혁안을 관통하는 정신은 시장 원리의 도입입니다. 이 개혁안이 공포된 이후 그 전에는 볼 수 없었던 용어들이 하나둘 생겨났는데요, 수요자 중심 교육, 수월성 교육, 교육 수요자와 공급자 등이 그것입니다. 아마도 지금은 너무나 익숙해서 '그게 왜?' 하고 물을지도 모르겠습니다만, 대학 시절 저 말들을 처음 들었을 때 '감히 교육을 상품 취급하겠다는 말이냐?' 하고 분개하면서 친구들과 개혁안 발표 철회를 요구하는 데모에 참가했던 기억이 아직도 생생합니다. 발표 후 30여 년이 지난 지금까지도 여전히 교육의 기본 철학 및 원리를 제시하는 것으로 수용되는 이 개혁안에 따르면 교육 행위 또는 교육이라는 상품을 제공하거나 판매하는 공급자와 그걸 구매하는 수요자가 있다 또는 그렇게 구분할 수 있다는 것입니다. 학교나 교사가 공급자, 학생과 학부모가 수요자가 되겠죠. 이렇게 공급자와 수요자의 개념을 교육 현장에 도입하고 각각을 학교 및 교사, 학생과 학부모와 일대일 대응시킨 게 학생, 학부모의 악성 민원과 갑질의 근본적인 원인이 아닐까 생각합니다. 그런 말 있잖아요, 손님은 왕이다.

질문해보겠습니다. 학생, 학습자와 교사는 정말 수요자-공급자 관계만 가질까요? 그 관계로만 이들을 이해해야 하는 또는 이해할 수 있는 걸까요? 다른 관계는 상상할 수 없는 걸까요?

최초의 인류인 오스트랄로피테쿠스 아파렌시스 종 이래 인류 역사 380만 년을 지배해온 삶의 법칙이라는 게 있다면 그건 '호혜성reciprocity'입니다. 인간은 무엇인가 주면 무엇인가 받습니다. 무엇인가 받으면 무엇인가를 주고요. 가령 옆집에 이사 온 사람이 인사를 하면서 떡을 갖다주면 그 그릇에 과일 같은 걸 담아 돌려주는 것처럼요. 이처럼 어떤 목적이나 결과를 기대하고 주고받는 것이 아니라 그냥 서로 주고받는 행위, 즉 '증여'를 삶의 법칙으로 삼아 인간은 이제껏 존속해왔습니다.

학생과 교사, 학습자와 교사는 수요자와 공급자이기 이전에 바로 이 호혜성을 바탕으로 맺어지는 관계입니다. 교사는 학생과 공동의 학습 과정에 참여하면서 서로의 경험을 나누고 그 속에서 함께 성장해갑니다. 교학상장教學相長이란 말이 뜻하는 바가 그것이죠. 뿐만 아니라 교사는 학생을 보호하거나 대변하고, 학생은 그런 교사에게 고마움과 존경을 표합니다. 문제는 이 법칙이 깨지는 일 없이 언제 어디서든 잘 지켜지면 좋으련만 안타깝게도 그렇지 못하다는 점입니다.

인류학자 베이트슨은 이처럼 호혜성이 깨질 때 생기는 일에 주목했는데요, 그에 따르면 호혜성의 관계가 무너질 때 '분열생성schismogenesis'이 발생합니다. 이는 다시 '상보형 분열생성'과 '대칭형 분열생성'으로 나뉩니다. 상보형 분열생성은 가령 학생-교사나 사원-사장처럼 지위 차이가 있는 관계에 놓인 사람들 사이에(우리 사회는 이를 두고 '갑을관계'라고 하죠), 대칭형 분열생성은 학급 동료처럼 동일한 목표를 놓고 경쟁하는 사람들 사이에 일어난다는 것이 베이트슨의 관찰이죠.

분열생성이 지속되면 그 관계 속에 들어간 사람들은 극도로 피로해집니다. 학생은 끝없이 받기만 하고 교사에게 그 어떤 보상이나 보답도 주지 않을 때 교사는 힘이 빠지고 교사로서의 보람도 느끼지 못하게 됩니다. 반대로 교사가 학생에게 공부할 것을 강요만 하고 그 과정과 결과에 대해서는 어떤 반응도 보이지 않을 때 학생은 공부의 목적과 목표를 잃고 헤맬 수 있습니다. 또 두 학생이 1등 자리를 놓고 끝없이 경쟁만 한다면 그 결말이 어떻게 될지는 불 보듯 뻔한 일이죠.

분열생성을 무마할 수 있는 방법은 이 두 가지를 혼합해 상쇄하는 것입니다. 상보적 관계에 있는 사람들에게는 경쟁의 기회를, 대칭의 관계에 있는 사람들에게는 상호 보완과 도움의 기회를 주는 방식으로 말입니다. 가령 체육대회 기간 중의 학생-교사 축구 경기, 한때 유행했던 급우들 간 마니또 행사 같은 것이 그 예가 될 수 있습니다. 그렇게 일시적이나마 호혜적 관계를 회복할 수 있습니다.

자, 그렇다면 이와 같은 분열생성이 일상인 생활 속에서 우리는 학생들과 어떻게 관계를 맺어야 할까요? 제가 아는, 지금은 퇴임하신 어느 초등학교 교사 이야기를 한 토막 해볼까 합니다.

당시 이 교사는 6학년 담임이었는데, 그 반에 폭력성 짙은 남학생이 한 명 있었습니다. 덩치도 또래 아이들보다 큰데다 키도 머리

하나는 더 있었죠. 평소 습관적으로 폭력을 쓰는 건 아니었는데, 잘 놀다가도 어쩌다 신경 거슬리는 일이 생기면 순간 눈이 돌아 주먹부터 내지르는 그런 친구였습니다.

이 친구를 어떻게 지도할까 고민하던 교사는 아버지-아들 관계를 맺기로 했습니다. 물론 학교 내에서만 한시적으로요. 등교할 때 "어이~ 아들. 아침은 먹고 왔어?" 하고 물어보고, 안 먹었다고 하면 간식과 함께 차를 내어주었죠. 점심시간에는 손잡고 급식실에 가고, 급식도 받아다 주었고요. 편애하는 거 아니냐고 다른 아이들이 입을 삐죽 내밀면 "이놈은 내 아들이잖냐. 아버지가 이 정도도 못 해주냐?" 하고 능청을 떨며 아이들의 질투로부터 보호해주기도 했죠. 그렇다고 한없이 자상하게만 대한 건 아닙니다. 잘못을 하면 진짜 아버지처럼 눈물 쏙 빠지게 야단을 치기도 했습니다. 이런 관계를 맺으면서 이 친구의 생활 모습이 눈에 띄게 안정되어 가고, 폭력성도 점차 줄어드는 모습을 보며 감탄했던 기억이 납니다.

이 이야기가 분열생성과 어떤 관계가 있느냐고요? 알고 보니 이 학생은 부모님이 밤늦게까지 맞벌이를 하셨던 까닭에 제대로 된 가족 관계를 맺지 못한데다, '학교에서는 폭력을 쓰면 안 된다'라는 이전 담임교사들의 생활지도 때문에 친구들과의 관계에서 일거수일투족 끊임없이 마음을 써야 하는 친구였습니다. 그 관계가 얼마나 피곤했을까요. 뭔가 할 때마다 '혹시 이 행동이 폭력은 아닐까?' 부단히 따져야 하고, 친구들은 그런 자신의 마음도 헤아리지 못하고 가끔씩 선을 넘는 말이나 행동을 하니 말입니다. 대칭적 관계여야 할 친구들과의 사이에서 상보적 분열생성을 겪고 있었던 거죠.

학생들의 마음을 읽는 능력이 뛰어났던 교사는 이번에도 그런 상황을 재빨리 눈치챘습니다. '아, 이 녀석은 친구들과의 관계를 끊임없이 살펴야 하는 놈이구나' 하고요. 아버지-아들 관계 맺기는 이 친구가 겪고 있는 상보적 분열생성을 상쇄시킬 수 있는 대칭적 관계의 계기가 되었습니다.

그런데 잠깐, 아버지-아들이 어떻게 대칭적 관계냐고요? 대부분의 사회는 아버지가 가풍을 이끌어가는 부계제를 택합니다. 한국도 예외는 아니고요. 그런 사회들에서는 아버지를 따르는 과정에서 아버지와 자녀가 대립하는 경우가 종종 발생하죠. 아버지는 이런 방향으로 가정을 이끌려고 하지만 자녀는 그 방향에 저항하거나 반대하는 식으로 말입니다. 말하자면 '가풍의 방향 설정'이라는 공동의 목표를 두고 경쟁하는 관계라는 것이죠. 여러분도 실제로 아버지와 대립했던 경험이 한두 번씩은 있지 않나요? 그 과정에서 아버지와의 관계가 서먹해지기도 하고요.

아무튼 이 교사는 그 친구에게 아버지-아들이라는 대칭적 관계를 제공함으로써 상보적 관계에서 오는 분열생성을 상쇄시킬 수 있었습니다. 제가 보기에는 이게 그 친구의 학교생활이 안정되고, 폭력성이 감소한 이유가 아닐까 생각합니다.

현대사회의 대다수 사람들은 이와 같은 분열생성을 겪습니다. 일부 사회에서는 이러한 분열생성을 완화해 다시 호혜적 관계가 되게끔 하기 위해 특정한 문화적 장치를 제도화하기도 하는데, 우리 사회는 그런 장치가 없는 것도 모자라 특히 요즘처럼 학생과 교사 간 극도의 분열만을 조장하는 사회적 분위기 속에서는 그와 같은 관계 회복의 기회도 별로 없는 것 같습니다. 학습자와 교사는 수요자-공급자 관계를 넘어 호혜성의 관계, 상보적 관계와 대칭적 관계 같은 좀 더 근본적이면서도 복잡한 관계를 맺으며 살아가고 있음을 알지 못해서일까요?

여기에 더해서 학생과 교사를 양쪽 진영으로 나누고 한쪽에는 아동학대방지법이니 학생인권조례니 하는 것을 만들어주고 다른 한쪽에는 교원지위법이니 교권 확립을 위한 제도 마련이니 하면서 그때그때 상황 따라 한쪽에 일방적으로 힘을 실어주는, 말하자면 이분법적 사고에 따른 정책 입안과 실행이 또 다른 이유가 아닐까 생각해봅니다. 이 문제에 대해서도 뒤살피죠.

학습자와 교사 2
: 이분법 넘어서기

'나는 생각한다. 고로 존재한다 Cogito ergo sum.'

많이 들어본 말이죠? 맞습니다, 근대철학의 문을 연 데카르트가 한 이야기입니다. 그가 몸과 마음, 정신과 신체의 속성을 완전히 별개의 것으로 가름하면서 심신이원론을 주장한 이후 많은 이분법적 구분들이 파생됐습니다. 문화(사회)와 자연, 주체와 대상, 생물과 무생물, 인간과 물질, 남성과 여성, 의미와 물질 등이 그 예입니다. 이처럼 세상 모든 것을 일군의 범주로 가름하고 그런 구분이 마치 처음부터 있었다는 듯, 그 구분 사이에는 영원히 변하지 않는 고정되고 뚜렷한 경계가 있다는 듯 보는 게 이분법적 사고의 특징이죠.

이에 더해 근대철학은 이분법에 따라 위와 같은 대립쌍을 만들었을 때 항상 앞의 것을 우선시했으며, 앞의 것에 더 높은 가치를 부여했고 지배적인 권력을 주었습니다. 그 결과 나타난 건 뒤의 것에 대한 무시, 배제, 소외였습니다. 엉터리없이 들릴지 모르겠지만 글머리에 말한 젊은 교사 자살 사건의 배후에는, 또 학생 인권과 교권 간의 대립과 갈등에는 학생과 교사를 뚜렷이 구분하는, 그래서 때에 따라 서로의 위치를 엎치락뒤치락 바꿔가면서 어느 한쪽에 중심성과 권력을 부여하는 이분법적 사고가 있는 것이 아닌가 생각합니다.

피식 웃을지 모르겠지만 물어보겠습니다. 학생과 교사는 칼로 종이를 자른 듯 명확하고 뚜렷한 경계를 가진 두 집단일까요? 이미 날 때부터 학생과 교사로 정해졌고, 한 번 정해졌으면 앞으로도 영원히 변하지 않을 그런 관계를 가진 두 범주일까요?

제 경험으로 이 질문에 대한 이야기를 이어가보겠습니다. 체육 시간에 학생들과 플라잉디스크 던지기 수업을 하고 있었습니다. 둘씩 짝을 지어서 포핸드 던지기 활동을 하는데, 한 학생이 자기 짝꿍이 포핸드 던지기를 어려워하는 것을 보고는 그 친구에게 가서 플라잉디스크 잡는 법과 던지는 법을 다시 설명해주더군요. '학생끼리의 일이다'라는 고정관념을 잠시 내려놓고 보면 이 상황에서 학생들은 자신들의 행위로 인해 한쪽은 교사로, 한쪽은 학생으로 현실화되었습니다. 이후 가르쳐주었던 그 학생이 다시 제자리로 돌아가 던지기 활동을 시작하면서 다시 동료가 되었죠. 아마 다들 한두 번씩은 이런 경험이 있을 거고, 저와 학생들 사이에서도 간혹 이런 일들이 일어납니다. 제가 학생이 되고 학생들이 교사가 되는 때가 말입니다.

다른 예를 들어볼까요? 교사들은 자기연찬을 위해 연수를 많이 듭습니다. 마찬가지로 '교사끼리의 일이다'라는 고정관념을 내려놓고 보면 연수라는 행위로 인해 연수를 받는 교사는 학생으로, 연수를 하는 강사는 교사로 현실화됩니다. 다른 연수에서는 그 위치가 바뀔 수도 있겠죠. 사회가, 제도가 구분한 학생, 교사라는 직업상의 범주는 실제 행위와는 무관한 명목상의 구분일 뿐 그것이 실제 행위로 인해 그때그때 결정되는 또는 현실화되는 양상을 반영하지는 못한다는 말입니다.

우리 사회와 문화가 우리에게 학생 또는 교사라는 이름을 줘서 범주적·집단적으로 구분하고는 있지만 평소에는 사실 아무것도 아닌 '자연인'으로, 어떤 사람의 말을 빌려 말하면 '걸어다니는 무기물'로 움직입니다. 그러다 어떤 행위와 함께, 가령 배움과 가르침의 행위와 함께 한쪽은 학습자(학생)로, 한쪽은 교수자(교사)로 현실화·(현대사상의 용어로는) 사물화되죠. 그때 비로소 경계가 형성되고요. 다른 행위와 함께 다른 정체성으로 사물화되고, 다른 경계가 생길 겁니다. 예컨대 공부라는 행위와 함께 어떤 것은 문제집이 되고 나는 학습자가 되는 것처럼요. 그렇게 우리는 이미 정해지고 고정된 형상이 아니라 행위에 따라 다르게 사물화될 수 있는 다중적 잠재성을 가지고 살아갑니다.

이제껏 보다시피 현실화·사물화는 나 혼자서 할 수 있는 게 아닙니다. 반드시 다른 짝이 있어야 가능합니다. 저 혼자서는 아무리 우겨봐야 교사가 될 수 없는 것처럼요. 평소에는 걸어다니는 무기물로서 또는 물질로서 서로 얽혀 있다가 어떤 실천, 행위와 함께 다른 둘로 분리된다는 이야기입니다.

이렇게 행위를 통해 현실화·사물화 될 때 하나의 세계가 형성됩니다. 배우고 가르치는 행위와 함께 교육의 세계가 생겨나는 것처럼요. 다른 행위와 함께는 정치의 세계, 축구의 세계 등 다른 세계가 만들어지겠죠. 나와 내 주변의 모든 걸어다니는 무기물, 다른 물질들은 나와 더불어 하나의 세계를 함께 형성하고 탄생시키는 소중한 구성원이라는 말입니다.

그래서 우리는 항상 이미 다른 것들에 대한 책임을 가지고 있고, 따라서 좀 더 나은 관계, 좀 더 나은 세계의 형성과 재형성을 위해 서로를 윤리적으로 대할 의무가 있습니다. 어디선가 주어진 또는 우리를 초월해 있는 다른 무언가가 부여한 의무가 아니라 우리의 존재 방식 자체가 그런 것이기에 타고난 의무입니다. 같은 걸어다니는 무기물로서, 같은 물질로서 서로가 얽혀 있고, 세계를 함께 구성할 수 있는 행위성과 동등한 자격을 가지고 있는데 누가 누구를, 누가 무엇을, 무엇이 무엇을 어떻게 착취하고 강제하고 억압하고 괴롭힐 수 있을까요? 요컨대 이제껏 우리의 사고와 삶을 지배했던 이분법적 구분을 넘어서자는 거죠.

'하나의 삶'을 사는 동등한 우리

지금까지의 이야기가 학생인권조례나 아동학대방지법 그리고 교권 확립에 관한 정책이나 제도 수립은 무용한 일이라는 주장으로 들리지 않았으면 좋겠습니다. 교사 또는 교권에 가려져 있던 학생을 발견하고 그들의 권리와 인권을 존중하려는 노력은 당연한 것입니다. 또 학생 인권에 짓밟혔던 교권을 다시 찾고 확립하려는 노력 또한 마땅한 일입니다. 다만 어느 한쪽에 일방적으로 중심성과 권력을 몰아주지 말자는 이야기로 읽어주면 좋겠습니다. 우리 모두는 교육이라는 세계를 함께 형성하고 재형성하는 다 같은 교육 참여자임을 강조하는 이야기로 읽어주면 고맙겠습니다. 우리는 다 같이 동일한 가치를 지닌 '하나의 삶une vie'을 사는, 단지 삶의 양태에서만 차이 나는 동등한 존재자임을 기억하자는 이야기로 읽어주면 더할 나위 없겠습니다. 학생과 교사는 호혜성의 법칙에 따라 살아가는, 그러나 항상 학생이고 교사는 아닌 동등한 의무와 권리를 가진 삶의 두 가지 양태임을 강조하는 이야기로 읽어주면 고맙겠습니다.

그래야 학생을 주목할 때 배제되는 교사와 학부모, 교사를 주목할 때 배제되는 학생과 학부모, 학부모를 주목할 때 배제되는 학생과 교사 모두에 대해 동등한 관심을 유지할 수 있으며, 함께 교육이라는 세계를 만들어가는 우리 모두가 서로의 이야기에 대한 응답 가능성 response ability, 즉 책임responsibility을 가질 수 있을 것이기 때문입니다. 서로에게 책임을 지는 윤리적 삶을 살 수 있을 것이기 때문입니다. 그런 게 입이 닳도록 떠들어대는 '교육공동체'가 아닐까요? 그걸 망각한다면 교육의 수요자와 공급자라는 인식과 범주 체계, 그 고정된 관계 속에서 수요자에 해당되는 학생과 학부모 측에 일방적으로 권력을 몰아준 탓에 발생한, 다시 생각해도 안타까운 한 꽃다운 젊은이의 자살 사건은 이번 한 번으로 그치지 않을 것입니다. 교사든 학생이든 학부모든 안타까운 죽음들이 계속될 것입니다.

우리 모두는 학생, 교사, 학부모이기 이전에 그저 한 존재자로서 존재하기 때문에 가치 있습니다. 그저 똑같은 하나의 생명으로서 이 시간과 공간을 공유하기 때문에 가치 있습니다. 그 사실을 잊지 않으면 좋겠습니다. 그렇게 서로에게 책임을 가지고, 또 호혜적 관계를 맺으며 살아갈 수 있는 방법을 찾고 실천하고자 부단히 애쓰는 여러분과 제가 되면 좋겠습니다. 우리의 그 애씀이 사회 구성원 모두에게 영향을 끼칠 날이 분명 올 거라 믿습니다.

8
학습 문제

1960년대, 캐나다 맥마스터 의과대학의 배로우스 박사는 한 가지 문제 상황에 직면했습니다. 의과대학 학생들이 공부를 엄청나게 하긴 하는데, 막상 인턴 과정에 들어서서 환자를 만나면 힘들여 학습한 지식을 전혀 활용하지 못한다는 것을 알게 된 겁니다. 공부는 죽어라 하는데 환자 앞에서는 쓸모가 없다? 뭐가 문제일까 고민하던 배로우스 박사는 방대한 지식을 암기시키고 인위적인 문제를 통해 그 결과를 확인하는, 이른바 '전통적'인 의과대학 교육 방법에 문제가 있는 것은 아닐까 생각합니다. 그러고는 학습 방향을 반대로 바꿉니다. 지식을 암기하고, 있을 법한 문제 상황을 제시함으로써 지식의 학습 정도와 결과를 확인하는 것이 아니라, 실제 문제가 되는 상황을 주고 문제 해결을 위해 필요한 지식과 역량을 학습하고 활용함으로써 그 문제를 해결하는 것으로요. 바로 '문제기반학습PBL, Problem Based Learning'입니다. 미래교육, 미래사회와 관련해 문제 해결 능력이 더욱 중요해지면서 PBL 수업 모형은 점점 더 중요성을 인정받고 필요성을 더해가는 것 같습니다.

여기서 문제는 그 '문제'라고 하는 게 어떤 문제여야 하는가입니다. 천년 전 도입된 과거시험부터 운전면허시험까지, 모든 자격과 실력을 시험으로 평가받는 '시험사회'의 '시험국민'이 된 이래[22] 우리 모두는 외부에서 주는 문제들에 너무나 익숙해져 있습니다. 문제라고 하는 것은 당연히 외부에서 오는 거라고 생각합니다. 시험을 비롯해 우리를 둘러싼 다양한 사회제도들이 그렇게 만들었습니다. '문제는 원래 다른 사람이 내서 주는 거야', '우리는 다른 사람이 만들어준 문제를 풀기만 하면 돼' 하고 믿게끔.

그런 사회를 만드는 데 기여한 일등공신이 누구냐 물으면 아마도 백이면 백 학교라고 대답하지 않을까 싶습니다. 수업을 시작하기 전에 보통 오늘 공부할 교과 학습 주제에 맞춰서 학습 문제를 제시하죠. 그 문제를 중심으로 수업을 풀어나가고, 수업을 통해 제시한 지식이 학생들에게 얼마나 잘 침투해 들어갔는지 확인하기 위해 또 다른 형태의 학습 문제를 제시합니다. 수행평가니 단원평가니, 중간고사니 기말고사니 하는 게 그렇죠. 그런 식으로 우리가 풀거나 다뤄야 할 문제들은 항상 외부에서 주어집니다.

그런데 한번 생각해보신 적이 있나 모르겠습니다. 내가 학생들과 공부를 하기 위해 제시한 이 학습 문제가 또는 학생들이 풀어야 하는 그 문제가 과연 누구의 문제인지 말입니다. 내 문제인지 학생들의 문제인지 사회의 문제인지, 아니면 교과 또는 교과서라는 제3자가 제시한, 성적을 제외하고는 나 혹은 학생들의 삶과는 그다지 관계없는 빈껍데기 같은 문제는 아닌지 말입니다. PBL을 개발한 배로우스 교수가 깨달은 것이 바로 이런 상황이 아니었나 생각해봅니다. 학생과 교사가 수업을 통해 다루는 학습 문제가 자기 자신의 문제가 아니라는 것 또는 제3자의 문제라는 것. 그렇기 때문에 의과대학 학생들은 머리가 터지도록 그 많은 지식을 습득하고도 현재 맞닥뜨린 문제에 의미 있게 전유하지 못한다는 것.

그렇다면 학습 문제란 무엇이며, 어때야 하는 걸까요? 이번 꼭지에서는 이 문제를 다뤄보겠습니다. 어떻게 이야기를 시작할까 생각하다가 인터넷에서 '학습 문제'를 키워드로 검색을 해봤습니다. 여러 기사 중에서 이런 게 눈에 띄었습니다. '학습 문제, 학습 주제, 학습 목표, 수업 목표의 차이점.' 하하…… 예전에 임용고사 공부할 때 교육학 과목에서 다뤘던 것 같습니다. 교사들한테는 당장 피부에 와닿는 지식일 수도 있고요. 그도 그럴 것이 공개 수업을 위한 수업지도안을 작성할 때면 예민한 교감, 교장은 이를 엄격하게 구분합니다. 명칭이 다르니 지시하는 사항도 다르겠고, 또 지시하는 사항이 다르니 부르는 이름도 달라지겠죠. 그걸 구분하지 말자는 얘기가 아니라 '학습 문제'라고 하는 것의 성격에 대해 숙고해보는 시간을 가지는 것도 학생들과 함께 문제를 다루는 사람으로서 꼭 필요한 일이 아닐까 생각해보자는 말입니다.

문제 찾기-문제 삼기
-문제 풀기

교육인류학자 월코트는 인간은 문제를 푸는 존재인 동시에 문제를 찾는 존재라고 말합니다. 외부에서 주어진 문제에만 반응하는 수동적인 존재가 아니라 해결해야 할 문제를 적극적으로 찾아 나설 수 있는 능동적 존재라는 얘기입니다. 조용환[23]은 문제 찾기와 문제 풀기 사이에 '문제 삼기'라는 과정을 추가해 공부의 과정을 정리합니다. 즉 공부란 문제 찾기problem seeking-문제 삼기problem posing-문제 풀기problem solving의 반복적·순환적 과정이라는 거죠.

문제를 찾는다는 것은 어떤 상황을 문제로 만들고 그게 왜 문제인지, 어떤 문제인지, 어떤 구조와 특성을 가지고 있는지, 이 문제를 구성하는 요소들과 하위 문제들은 무엇인지 등을 파악하는 것을 이야기합니다. 그러려면 아무것도 아닐 수 있는 상황, 상식적이고 당연하게 여겨져왔던 사태를 의도적으로 낯설게 보는 일이 필요합니다. 낯설게 보는 일이 어렵지, 한 번 낯설게 보기 시작하면 실은 모든 게 의문투성이입니다. 모든 게 다 문제가 될 수 있다는 얘기죠. 심지어 자국의 문화나 풍습조차도요.

인류학자 마이너의 연구가 좋은 예가 될 수 있겠는데요, 그는 자기 나라의 생활 습관을 문제 삼아 연구를 수행해 그들이 늘상 하는 행위가 얼마나 낯설고 기이한 풍습인지 밝혔습니다. 가령 이들은 날마다 '구강 의례'라는 걸 하는데, 이 나라 국민들은 구강 의례 시 "작은 돼지털 뭉치를 특별한 마술 가루와 함께 입 안에 넣고, 극도로 형식화된 일련의 동작으로 털 뭉치를 움직인다"[24]라고 하는군요. 마이너의 말대로 정말 '역겨운'데요, 이런 구강 의례를 시행하는 그 나라는 '나시르마Nacirema'입니다. 그런 나라가 있냐고요? '나시르마Nacirema'를 거꾸로 읽으면 '아메리칸American'입니다. 구강 의례요? 여러분의 상상에 맡기겠습니다.

찾은 문제는 그냥 문제로 남겨둘 것이 아니라 내 문제로 삼는 것이 중요합니다. 이 문제에 능동적으로 뛰어들어 적극적으로 해결해보겠다는 의지의 표현인 거죠. 문제를 잔뜩 찾을 수는 있겠지만 정작 그걸 내 문제로 만들거나 삼지 않으면 아마도 둘 중의 하나가 될 겁니다. 반대를 위한 반대를 하거나 또는 매사 투덜대는 트레바리로 비치거나 해결되는 문제 하나 없이 그 상태를 유지하거나 어쩌면 더 나빠질 수도 있겠죠.

끝으로 '문제 풀기'는 찾아서 내 것으로 삼은 문제를 해결하는 것입니다. 여기서 비로소 우리 교육이 그렇게 강조해 마지않는 문제 해결력이 필요하게 되고, 문제를 풀기 위해 사고하고 자료를 찾고 모으고 분석하고 활용하게 될 겁니다. 사람들과 협동하는 일도 필요하겠고요. 그 과정에서 요즘 대세인 프로젝트 학습이나 협동 학습, 공동 학습 같은 것들이 자연스럽게 일어나겠죠.

한 가지 덧붙일 것은 이 문제라고 하는 게 '삶의 문제'면 더 좋겠다는 것입니다. 이는 **지금 당장 내 삶에서 대단히 절박한 문제, 철학자 하이데거의 용어를 빌려 말하면 '죽음으로 달려가는' 유한한 삶에서 반드시 시간을 내어 풀거나 해결하지 않으면 당장이라도 죽을 것 같은, 그런 '상심'에서 오는 문제여야 한다**는 뜻에서 '삶의' 문제라는 것이지, 바느질을 하거나 전구를 갈거나 하는 등의 이른바 '실용적', '실제적'인 문제를 뜻하는 건 아니라는 것입니다. 그 점에서 삶의 문제는 이론적 문제와 실제적 문제를 구분하지 않습니다. 그 점은 「경험」 꼭지에서 잠시 다뤘고, 「학습 환경」 꼭지에서도 '리얼 월드 러너'의 공부를 소개하며 다시 다룰 예정이니 이 정도 얘기하는 것으로 그치겠습니다.

학습 문제를
제대로 파악하지 못한다면

문제 찾기-문제 삼기-문제 풀기와 관련해서 고백할 게 한 가지 있습니다. 제가 잠시 대학교수로 있을 때 교육부 사업의 일환으로 학생들과 함께 한 달간 해외 교육봉사활동을 간 적이 있습니다. 예비 교사들을 대상으로 하는 사업이었고 간호학과 교직반 학생들, 유아교육과 학생들로 봉사단을 꾸려 남아메리카의 볼리비아로 교육봉사를 떠났습니다.

초등학교 1학년부터 고등학생 정도까지 다양한 스펙트럼의 학생들을 만났는데요, 우리 학생들이 준비해간 교육 프로그램은 손 씻기와 양치하기 그리고 놀이였습니다. 볼리비아 학생들은 멀리 타국에서 온 사람들이 알아듣기 힘든 스페인어에 손짓발짓을 섞어 열심히 가르쳐주는 것을 시큰둥하게, 한편으로는 해낙낙하게 따라 했습니다.

그러던 어느 날 저는 충격을 받았습니다. 이 교실 저 교실 돌며 봉사활동 과정을 확인하고 관리하던 중 중학생 교복을 입은 한 남학생이 수돗가에서 손을 닦는 모습을 보았거든요. 가만히 보니 그 학생은 손 씻기 교실에 있던 학생이었고, 마침 그때는 손 씻기에 관한 설명을 끝내고 직접 실습을 해보는 시간이었습니다. 충격이었던 건 그 친구가 우리 학생들이 일러준 것과는 다른 방법과 순서로 손을 씻는 것이었습니다.

그게 의미하는 바는 이렇습니다. 볼리비아에는 이미 위생 확보를 위한 나름의 손 씻기 방법이 있다는 것, 학생들은 그와 관련한 학습을 하고 있다는 것, 달리 말해 현지 학생들의 삶에는 이미 손 씻기가 들어와 있었다는 것. 그제야 5학년 이상 되어 보이는 학생들이 우리의 봉사활동에 왜 그렇게 시큰둥한 모습을 보였는지 이해되더군요. 손 씻기나 양치, 놀이 등이 자신들에게는 '문제'가 아니었던 겁니다. 방법과 순서만 다르지 이미 배워 알고 있는 사항이었던 겁니다.

못하는 스페인어가 아니라 볼리비아 학생들에게 정작 중요한 게 무엇인지 전혀 모른 채, 어쩌면 알려고도 하지 않고 단지 '제공자'의 입장과 관점에서만 활동을 준비해간 것이 문제였습니다. 현지 학생들의 삶에서 출발해 학습할 문제를 찾지 않았다는 것이 문제였습니다. 우리가 준비한 그 활동들이 현지 학생들의 공부와 삶과 어떤 관계가 있는지, 어떻게 그들의 삶과 공부의 문제로 만들 수 있을지 진지하게 대화하고 고민한 적이 없다는 것이 문제였습니다. 우리 입장에만 갇혀 있었다는 것이 문제였습니다.

하려는 말은 간단합니다. 수업 구조와 절차상 어쩔 수 없이 교사가 제시해야 하는 학습 문제가 누구에게서 비롯된 문제인가, 문제의 출처가 누구인가 또는 누구의 문제인가 생각해보자는 것, 그 겁니다.

어떻게 문제를
제시할 것인가?

저는 이 질문에 동문서답을 할 요량입니다. 이렇게 바꿔 읽음으로써요. '어떤 교사가 될 것인가?'

학습 문제를 이야기하는 자리에서 뚱딴 교사론에 대한 이야기라니 다들 어이가 없을 듯합니다. 하지만 제가 보기에는 이 둘은 바투 관련됩니다. 학생의 삶을 학습 문제로 삼는 일, 학생의 삶에서 학습 문제를 길어 올리는 일, 어쩔 수 없이 우리가 제시해야 할 학습 문제를 학생의 삶과 관련시킴으로써 그들의 문제로 삼도록 하는 일은 결국 학생을, 그들의 생활 세계를, 관심을, 언어를, 생각을 이해하는 일과 상통하기 때문입니다.

초등학교 교사들이라면 각 교과에서 학생들에게 문제 사태를 제시하는 방식이 얼마나 엉터리없는지 잘 알 겁니다. 예를 들어볼까요? 2015 개정 교육과정 시기 초등학교 3학년 2학기 수학교과서에 나온 내용입니다. 학습 주제는 '(몇십몇)÷(몇)을 구해볼까요'입니다. 이렇게 문제 사태를 제시하는군요.[25]

학생 48명이 3줄로 똑같이 나누어 달리기를 하려고 합니다. 한

줄에 몇 명씩 서게 될지 생각해봅시다.

아마 3학년 학생들이 체육수업이나 체육대회를 하는 상황을 염두에 둔 것 같은데, 어떻습니까? 이걸 보고 '아, 내 삶에서 늘 만나는 정말 중요한 문제구나. 지금부터 진지하게 공부해야겠다' 하는 마음을 먹겠습니까? 제도적으로 이미 학급당 학생 수를 25명으로 제한한 상황인데 말입니다. 문제를 내려고만 하지, 이 문제가 사회적으로 적확한지, 3학년 학생들의 삶에서 얼마나 중요한지, 그들의 생활 세계와 어떻게 관련되는지 전혀 이해하지도 못하고 이해하려 하지도 않는 아주 고압적인 자세에서 나온 발상이란 생각은 저만 드는가요? 그저 '중요한 거니 무조건 공부해라' 하고 교과서는, 교과서 저자는 달구치기만 합니다. 이런 식의 문제 사태 제시에서 해외 교육봉사활동에 참여했던 저와 학생들의 모습이 겹쳐 보이는 건 제 눈에만 그런 걸까요?

교사론은 대체로 교사를 보는 관점을 성직자관, 전문직관, 노동직관으로 나눕니다. 저는 볼리비아 교육봉사활동에 관한 경험을 바탕으로 여기에 '봉사자관'을 하나 더 추가했습니다.

난데없이 봉사자라니 역시 뜬금없죠? 그날 활동에 대한 토론회에서 제가 한 얘기를 조금 더 발전시키고 보완해서 정리한 건데요, 저와 봉사단 단장이 함께 쓴 논문에 실린 이야기를 그대로 인용해보겠습니다.

우리가 아는 상식에 잠시 괄호를 치고 '봉사'라는 낱말 자체로 돌아가 보자. 봉사를 한자로 표기하면 奉仕다. '받들고 섬기기', 이것이 봉사의 원뜻이다. 나를 낮출 때 남을 받들고 섬기는 일이 가능하다. 다른 사람들이 서 있는 곳보다 더 아래에 내가 설 때 받들고 섬기는 일이 가능하다. 나를 낮추는 일, 다른 사람들이 서 있는 곳보다 더 아래에 내가 서는 일, 그것이 '봉사'고, 다른 말로 표현하면 'under-stand'다. 즉 봉사란 내 것을 나누는 일이 아니라 남을 이해하는 일이다.[26]

나를 낮추고 학생들이 발 딛고 서 있는 곳 아래로 내려가 서는 봉사자가 될 때 우리는 학생들의 삶을 일부나마 이해할 수 있을 것입니다. 학생들의 삶을 이해할 때 그들에게 문제가 되는 것, 그들이 문제 삼을 만한 것이 무엇인지, 어떻게 하면 문제 삼을 수 있게 할지 알 수 있을 것입니다. 그럴 때 우리는 학생들에게 물어볼 수 있을 것입니다. "너희들 손 씻니? 어떻게 씻는지 보여줄래? 너희들이 닦니? 어떻게 닦는지 알려줄래?"[27] 하고요. 학생들의 삶에 대한 물음에서 학습 문제를 출발시킬 수 있지 않을까 싶습니다. "아, 그렇게 씻는구나. 더 좋은 방법이 있는데 같이 알아볼까? 아, 그렇게 이를 닦는구나. 더 깨끗하게 닦는 방법을 내가 알고 있는데 같이

해볼까?" 하고 내가 준비한 학습 문제를 그들의 삶과, 또 공동의 상황과 관련짓고, 함께 풀어야 할 문제로 삼을 수 있지 않을까 싶습니다. 그런 점에서 학습 문제라는 이름으로 학생들의 삶의 흐름을 끊고 들어간 뒤, 수업이란 이름으로 생뚱맞고 뜬금없는 것들을 보여주며 그것들과 만나게 하고 빠져나오는 것은 아닌지 다시 한번 진지하게 고민해보아야겠습니다.

내게도 문제 찾기-문제 삼기
-문제 풀기의 수업이 있었나

어느 해, 과학 전담교사를 한 적이 있습니다. 한 학년 2개 반에 한 학급당 13~14명 정도밖에 안 되는 소규모 학교여서 저 혼자 3~6학년을 담당했습니다. 당시는 2009 개정 교육과정 시기였는데요, 제 기억으로는 이때 '탐구 기능'이라고 해서 본격적인 단원 또는 진도를 시작하기 전에 과학 실험, 공부에 필요한 과정을 익힐 수 있게끔 하는 내용이 교과서 앞부분에 제시되어 있었습니다. '관찰하고 분류하기', '측정하고 예상하기' 식으로요. 그것도 학습 내용의 계열성을 고려해야 하는 탓에 이 기능을 학년별로 나눠서 공부하게끔 했죠. 제가 방금 예시한 것은 3학년 교과서에 나온 것이고, 4학년에서는 '탐구 문제 정하기 및 탐구 계획 세우기', '탐구 실행하기' 등을 공부하게 되어 있었던 것 같습니다. 정확히 기억나지는 않지만 5, 6학년에서는 또 다른 탐구 기능을 공부했겠죠.

지금도 동료 교사들과 과학 수업 이야기를 나누다 보면 여전히 '수업을 위한 수업이구나' 하며 씁쓸한 생각이 들지만, 제가 과학 전담교사를 했을 당시에도 그런 생각을 했습니다. '탐구 과정을 저렇게 분절해서 한 차시에 하나씩, 또 학년별로 나눠서 다루면 학생들이 탐구 과정을 총체적으로 경험하고 그 과정에서 탐구 기능을 기를 수 있을까?'

'교과서를 그렇게 구성하는 게 당연한 건데 뭐가 문제냐?' 하고 반문할 독자들도 있을지 모르겠습니다. 하지만 대학원 공부 과정에서 '연구'라는 걸 경험한 제 입장에서는 정말 말도 안 되는 구성이었습니다. '탐구 주제의 깊이 여부는 있을지 몰라도 그에 필요한 기능마저 분절해서 3학년에서는 관찰과 분류를 공부하고, 4학년에서는 탐구 문제 설정하기를 학습한다고? 이게 말이 되는 거야? 그럼 탐구 기능을 모조리 학습한 6학년이 지나고 나서야 과학 탐구를 제대로 할 수 있겠네?' 하고요.

제 문제의식은 여기까지 하고, 일단 다음 이야기로 넘어가겠습니다. 그 외에 2009 개정 교육과정에서는 성취기준을 '핵심성취기준'과 '일반성취기준'으로 나누어 제시했죠. 핵심성취기준은 반드시 다루고 달성해야 하는 것(필수)인 반면, 일반성취기준은 '선택' 같은 것이었습니다. 과학교과는 한 단원이 대략 8~10차시 정도로 구성되어 있었는데, 그중 핵심성취기준과 관련된 제재가 5~6차시, 일반성취기준과 관련된 제재가 3~4차시 정도 됐습니다.

이런 상황에서 '탐구 기능을 제대로 공부하게 하려면 어떻게 해야 할까?' 하는 저의 문제를 푸는 것이, 학생들 입장에서는 탐구 기능을 '제대로' 익히는 것이 문제인 상황을 어떻게 헤쳐 나가야 할까 고민한 끝에 저는 이런 방법을 택했습니다. 과감하게 핵심성취기준만 다루고 나머지 시간은 학생들에게 주는 식으로요.

학생들에게 이렇게 이야기했습니다. '과학실에 있는 모든 실험 기구와 시약을 자유롭게 쓸 수 있도록 하겠다. 지금 배우고 있는 단원과 관련해서 너희들이 탐구하고 싶은 주제를 스스로 찾아서 공부해보자.'

예를 들면 이런 식이었죠. 당시 6학년 2학기 마지막 단원이 '용액의 성질'이었던 걸로 기억하는데요, 이 단원과 관련해서 이 수업을 할 때 마침 운동장에는 눈이 내리고 있었습니다. 눈을 유심히 바라보던 한 모둠이 이런 문제를 찾았죠.

'밖에 내리는 눈은 산성, 중성, 염기성 중 어떤 성질을 띨까?'

어떤가요? 안 그래도 요즘 대기오염이 심각하다, 그래서 산성비가 내리니 비 맞지 않도록 주의해야 한다고는 하는데, 6학년 아이들이 찾은 문제를 보니까 정말 그런지 확인해보고 싶은 생각이 들지 않나요? 이런 방식으로 단원과 관련해서 자신의 삶을 둘러보게끔, 거기서 문제를 찾아 길어 올리게끔 시간을 마련했습니다.

그래서 한 시간은 탐구 계획 세우기, 두 시간 정도는 계획에 따른 실험하기, 마지막 한 시간 정도는 결과 보고서 쓰기 및 발표하기로 구성해서 수업을 했는데 재미있는 주제, 문제들이 많이 나왔습니다. 사진도 찍어두고 주제도 기록해두었으면 좋았을 것을 그렇게 하지 않은 것이 두고두고 후회가 되는데요, 대강 기억나는 것 몇 가지만 적어보면 이렇습니다.

- 한 달이 지나 썩은 우유로 치즈를 만들 수 있을까? (3학년)
- 욕조에서 물을 뺄 때 시계 방향으로 소용돌이가 생기게 하려면 어떻게 해야 할까? (4학년)
- 밤에도 무지개가 뜰까? (5학년)
- 곰팡이는 어떤 음료/액체에서 가장 잘 자랄까? (6학년)
- 전자석을 이용해 자동으로 배드민턴을 치는 장치를 만들어 보자. (6학년)

상식적으로 또는 과학적으로 말이 되든 안 되든, 결과를 낼 수 있든 없든 학생들은 열심히 문제를 찾았고, 그걸 모둠의 문제로 삼아 풀기 위한 계획을 세웠으며, 할 수 있는 모든 역량을 동원해 열심히 문제를 풀었습니다. 당연히 결과가 나오지 않는 문제들도 있었고, 뜻밖의 결과에 모두가 놀란 문제들도 있었습니다. 과학실을 부산하게 돌아다니며 문제를 푸는 데 필요한 실험 기구를 찾고, 설치하고, 저한테 물어보고, 실험하고, 보고서를 쓰고, 발견한 내용을 친구들 앞에서 자랑스레 발표하던 모습이 지금도 눈에 선합니다. 떠들썩하면서도 진지하고, 핵심성취기준을 다루는 극도로 형식화된 수업 때와는 달리 활기를 뿜어내던 모습이요.

저는 이런 식으로 저의 문제를 학생들의 문제로 만들려고 나름대로 노력하는데요, 더 좋은 방식, 더 나은 아이디어를 가진 독자 여러분이 많을 것이라 생각합니다. 여러분의 생각을 나눠주세요.

9
학습 환경

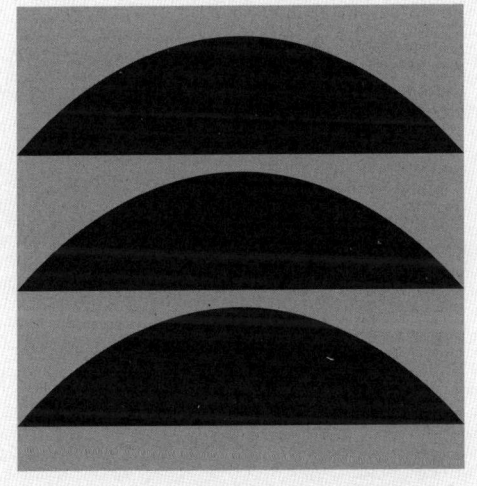

어빙 고프먼이라는 미국의 사회학자가 있습니다. 그가 이런 수수께끼를 냈습니다. 정확히 말하면 그가 수행한 연구 결과를 바탕으로 제가 낸 수수께끼입니다. 교육학 수업을 할 때면 학생들에게 꼭 내는 문제이기도 하고요. 같이 풀어보시죠.

1) 높은 담장으로 둘러싸여 있다.
2) 시간표가 정해져 있으며, 종소리에 따라 움직인다.
3) 구성원들은 번호로 불린다.
4) 한 번 들어가면 정해진 시간이 지나야 나올 수 있다.
5) 구성원들은 유니폼을 입고 생활한다.

이 다섯 가지 특성을 가진 곳은 어디일까요? 네 곳인데요, 하나는 군대, 다른 하나는 교도소, 또 다른 하나는 정신병원입니다. 마지막 한 곳은 놀랍게도 학교입니다. 각 장소의 설립 목적이 무엇인가를 걷어내고 그 구조적 특성만을 놓고 보니 이런 답이 도출되는군요. 학습과 교수를 통해 더 나은 삶, 더 나은 인간 형성을 목적으로 하는 학교가 군대, 감옥, 정신병원과 같은 특성을 가진 곳이라니 참으로 충격적입니다. '학교' 하면 공부, 교육, 선생님, 학생, 교실 등이 떠오르는데 말입니다.

수수께끼를 좀 더 음미해보겠습니다. 사람에 따라 여러 가지로 이해할 수 있겠지만 저에게는 학습 환경을 지적하는 문제로 들립니다. 물론 '맹모삼천지교'의 고사에서 보다시피 학습 환경이 중요하다는 것은 누구나 알고 있습니다. 그러나 적어도 제가 보기에는 많은 사람들이 그저 외부의 수상한 사람과 학부모들의 악성 민원과 갑질에서 '안전한' 학교 환경 조성에만 관심을 쏟을 뿐 '제대로 된' 학습 환경이란 무엇이며, 현재의 학습 환경에 대한 관념이 어떤 점에서 왜 문제가 되는지에 대해서는 큰 관심을 갖지는 않는 것 같습니다. 말하자면 현재의 학습 환경에 대해 낯설게 보기를 하지 못하는 것 같다는 얘기입니다. 고프먼의 문제 제기는 바로 그런 점에서 우리에게 충격을 주는 것 같고요. 온갖 학습 준비물에, 보기에도 공부하고 싶은 마음이 절로 들게 하는 화려한 교과서에, 깨끗한 인테리어와 전자 칠판과 스마트패드에 이르는 각종 전자기기까지, 학생들이 학습에만 몰두할 수 있도록 전례 없는 최상의 '스마트'한 환경을 제공하고자 온 나라가 그렇게 공들이고 있는데 말입니다. 사정이 이런데도 과연 왜, 어떤 점에서 학교의 학습 환경은 고프먼의 문제 제기를 피해가지 못하는지 천천히 따져보겠습니다.

우선 제가 겪고 느낀 학교의 학습 환경에 대한 소회를 이야기한 뒤, 이제까지처럼 '낯선' 관점에서 학습 환경이란 무엇이며 어때야 하는지 간략히 살펴본 다음, 그러한 학습 환경을 제공하기 위해 노력하는 제 동료교사의 이야기를 한 토막 해보겠습니다.

높은 담을
허무는 방법

뭐 하나 관심 있게 관찰하고, 세심한 관찰을 통해 자신의 문제를 찾고, 그 문제를 풀기 위해 집중하고 공부하고 골몰할 수 있는 시간을 주지 않은 채 정해진 시간표에 따라 하루 일과가 돌아가는 학습 환경이 얼마나 개탄스러웠으면 고프먼은 학교를 군대나 교도소, 정신병원과 같은 특성을 가진 곳으로 묶었을까요. 또 그런 결론을 도출했을 때 고프먼은 과연 어떤 생각이 들었을까 궁금해집니다.

글을 쓰는 공부를 하다가 뚜벙 수학 문제를 풀고, 수학 문제를 다 풀지도 못했는데 또 갑자기 사회를 공부해야 하고, 그림을 다 그리지도 못했는데 다시 과학실에 가서 과학 실험을 해야 하는 게 학교 공부의 현실이고 일상입니다. 뭐 하나 몰입하거나 제대로 해결하지 못한 채 남겨두고 그와는 별개의 다른 교과, 다른 내용을 공부해야 하는 게 현재 학교가 학생들에게 제공하는 학습 환경입니다. 그래서 필립 잭슨이라는 사람이 말했죠. 학생들이 학교에서 배우는 것은 문제 찾기-문제 삼기-문제 풀기 과정에 대한 몰입과 몰두가 아닌 적당히 시간 때우기라고요. 그걸 잠재적 교육과정으로 배운다고요. 또 『바보 만들기』라는 책을 쓴 미국의 교사 존 테일러 개토는 학교와 교사는 학생들에게 일곱 가지 죄를 짓고 있는데 그중 하나가 '무관심(하게 하기)'이라고 말합니다. 바로 이런 모습을 두고 하는 얘기죠.

이런 '적당한 시간 때우기'와 '무관심' 속에서 학생들은 무엇을 공부하고, 또 교사는 무엇을 가르칠 수 있을까요? 어쨌든 '거꾸로 매달아 놓아도 국방부 시계는 가는' 것처럼 무슨 짓을 해도 수업 시간은 지나가는데 말입니다. 고프먼이 학교 시간표 속에서 본 것은 바로 이런 게 아닐까 생각합니다. 어쩌면 그래서 의식 있는 교사들, 각성한 교사들이 교사 교육과정을 통한 프로젝트 학습에 관심을 보이는 걸지도 모르겠고요.

다섯 가지 특성 중 두 번째로 주목하고 싶은 것은 '높은 담' 이야기입니다. 제가 보기에 이 말은 학교가 세상과 격리되어 있음을 지적하는 것 같습니다. 알다시피 군대나 교도소의 영지는 담이나 철조망으로 둘러싸여 있고, 이를 경계로 영내와 영외가 나뉩니다.

영내에 있는 사람들은 세상으로부터 격리되는 거죠. 어쩌면 고개를 갸웃거릴지도 모르겠습니다. 군대나 교도소와는 달리 학교는 비교적 학교 밖 세상과 자유로운 왕래가 가능하니까요. 그러나 고프먼의 말은 그런 물리적인 왕래를 뜻하는 것 같지 않습니다. 그보다는 학교 내에서 다뤄지는 교과 내용 또는 교과 지식과 관련해서 '높은 담'으로 상징되는 학교의 격리, 폐쇄성을 이해해야 하지 않을까 싶습니다.

2021년에 한 시도교육청의 정책 연구에 참여한 적이 있습니다. 지역사회, 마을공동체와의 교육협력 실태를 파악하고 잘되고 있는 점, 잘 안 되고 있는 점을 찾아 지금보다 더 나은 교육협력 방안을 마련하는 연구였는데요, 그때 만난 한 고등학교 교사가 제게 이런 말을 했습니다.

> 학교에서 수업을 할 때 이런 지역 자원, 지역에 계신 분들과 수업을 하는 거는 일단은 그 지역에 수업이 가능하신 분이 계셔야 하는 게 먼저고, 그리고 그분들이 검증이 돼야 되는 것이 두 번째고, 그다음에 어떤 활동을 해 주실 수 있는지도 파악이 되는 게 그 다음이고, 그리고 그분들과 어떤 수업을 한다고 하더라도 그런 것들은 이벤트성의, 일회성의 수업이지, 수업 전체 자체를 이분들, 이분들이 이렇게 들어온다는 것 자체는 현 상황에서 아무런 준비가 되어 있지도 않고.[28]

학교가, 학교를 드나드는 문이 좁다는 얘기입니다. 수업에 필요한 일정한 자격 조건과 역량 그리고 '수업'이라고 칭할 수 있는 것을 만들 콘텐츠를 갖춘 사람들만 들어올 수 있다는 말이죠. 그나마 그것도 이벤트나 일회성의 수업이나 좀 하면 모를까, 호흡이 긴 공부를 학생들과 함께할 기회를 만들어주는 것은 현재의 학교 제도하에서는 곤란하다는 얘기입니다. 당연히 아무나 들여 수업을 맡길 수는 없는 노릇이란 걸 잘 알고 있고 또 시공간적 구조가 워낙 폐쇄적인 곳이라 이해는 갑니다만, 그래도 좀 놀랍습니다. 자유학기제다, 캠퍼스형 공동교육과정이다, 마을교사협력수업이다, 또 마을방과후학교다 해서 학교의 높은 담을 허물고 지역사회와 함께 울력해서 학생들을 키우려는 노력이 전국 각지에서 정책적으로 진행되고 있는데 말이죠. 여전히 학교 현장에는 교과 학습과 교과 학습 아닌 것을 구분하는 또는 교과 학습과 '실제적 학습'을 따로 보는 문화가 형성되어 있기 때문일까요? 아니면 '학생 교육은 오직 학교 교사만의 일이다'라는 협애한 생각을 가지고 있기 때문일까요?

이런 상황이 기정사실인 듯 '체인지메이커 교육'을 통해 공교육 혁신에 도전하는 김하늬는 높은 담 안에서 이루어지는 교과 학습은 '진정한 배움'을 끌어내지 못한다면서 학생들의 자발성에서 우러난 진정한 배움을 위해서는 '리얼 월드 러닝'이 필요하다고 주장합니다.29 학생들의 삶, 말하자면 학교가 아닌 '실제 세상real world'에서 길어낸 문제들을 풀어가는 과정에서 일어나는 배움 또는 학습이 리얼 월드 러닝이죠. 담장에서 나와 담장 밖의 문제를 찾고, 이렇게 자신의 힘으로 찾은 문제를 풀어갈 때 비로소 진정한 배움, 정말 필요한 배움, 의미 있는 배움이 일어난다는 얘기입니다.

교과 학습이든 리얼 월드 러닝이든 학교 담 안에 갇힌 학습이 되어서는 안 된다는 김하늬의 말에 깊이 공감합니다. 아마 그 점은 고프먼도 바라는 바일 거고요. 다만 학교가 아닌 다른 곳에서 마주치거나 찾은 문제를 해결하기 위해 필요한 지식과 기술을 익히는 것을 '리얼 월드 러닝'이라고 따로 구분하고, 그곳을 '실제 세상', 교과를 공부하는 곳을 그와 가름하여 '가상 세계(물론 저자는 명시적으로 이런 얘기를 하지는 않습니다만 '리얼 월드'라는 말로 겉잡을 수 있습니다)'로 취급하는 것은 학교를 둘러싼 높은 담을 허무는 것이 아니라 오히려 그 담을 더 공고히 하는 것은 아닌가 하는 생각에 씁쓸하기는 합니다. 담을 허물 방법을 찾는 것, 학교를 '리얼 월드'로 만들 방법을 찾는 게 근본적으로 문제를 해결하는 것일 텐데 말입니다. 그렇다고 하더라도 위 고등학교 교사의 이야기에서 들었던 것처럼 학교가, 학교의 학습 환경이 학교에서 다뤄야 할 것들 그리고 학생들과 함께 공부할 수 있는 사람들에 대한 자격 조건이 너무나 확고하게 정해진 나머지 학생들의 생활 세계와 그 속에서 찾을 수 있고 찾아야 하는 수많은 문제들에 무심한 것은 사실인 것 같습니다.

그렇다면 학교가 어떤 학습 환경을 갖춰야 교과 학습과 학생들의 삶에 기초한 '실제적 학습' 사이의 경계를 흐릴 수 있을까요?

자유로운 학습 환경이란?

잠시 언급했던 '맹모삼천지교' 이야기가 의미하는 바는 환경이 사람을 다르게 성장시킬 수 있는 힘이 있다는 것, 사람을 달라지게 하는 원인이 될 수 있다는 것일 겁니다.

여기 좋은 예가 있습니다. 그 전에 우선 퀴즈를 하나 내겠습니다. 대한민국에서 자라는 청소년이라면 누구도 피할 수 없는 질풍노노의 시기, 사춘기는 전 세계 모든 청소년들에게 공통적인 '자연스러운' 현상일까요? 답은 흥미롭게도 '아니다'입니다. 그가 어떤 문화적 환경 속에서 자랐느냐에 따라 누군가는 사춘기를 겪을 수도, 다른 누군가는 겪지 않을 수도 있습니다. 인류학자 마거릿 미드의 관찰입니다.

그는 미국령 사모아제도의 사모아섬에서 청소년들의 성장 과정을 연구했습니다. 그 과정에서 발견한 것 중 하나는 사모아의 청소년들은 놀랍게도 사춘기를 겪지 않는다는 사실이었습니다! 아, 물론 사춘기의 특징인 신체적 성장은 일어납니다만, 사춘기에 접어든 청소년들만이 갖는 증상인 급격한 심리적·정서적 변화를 겪지 않는다는 얘기입니다. 저만 신기한가요? 어떻게 사춘기를 겪지 않을 수 있죠?

이유는 이렇습니다. 사모아섬 청소년들의 생활 패턴은 아주 단순하다는 것. 동생을 돌보고, 부모님의 일을 돕고, 친구들과 친교를 나누고, 그 과정에서의 갈등을 해결하고, 심지어는 특정 상황에서 해야 할 행위와 표현해야 하는 감정들까지도 포함해 삶에서 만나는 모든 상황들의 패턴이 문화적으로 정해져 있고, 따라서 사모아 청소년들은 다른 대안, 다른 선택지를 택할 필요가 없기 때문입니다. 이제껏 배워온 대로, 늘 하던 대로, 부모님과 주변 어른들이 가르쳐준 대로만 하면 되니까요. 선택의 딜레마를 겪을 필요가 없다는 것입니다. 따라서 이것이 옳은가 저것이 옳은가 고민하고 갈등할 필요가 없습니다. 당연하게도, 이건 '가만 있으라'라는 명령과는 차원이 다른 얘기입니다. 외부에서 강제로 부과된 명령이 아니라 문화적으로 학습한, 내적으로 따라야 할 삶의 법칙이기 때문입니다. 물론 그밖의 다른 여러 이유들이 톱니바퀴처럼 맞물려 그렇게 될 수밖에 없는 수천수만 가지 상황들을 만들지만, 가장 눈에 띄는 이유가 그렇다는 것입니다. 그 힘든 사춘기를 겪지 않게 하기 위해서는 선택지 없이 주어진 대로 살게 해야 한다는 말도 안 되는 주장을 하려는 게 아니라는 것쯤은 이해하시겠죠.

반면 미드가 자신의 관찰을 조국인 미국과 비교하며 곰곰이 따져본 결과 자신의 자녀를 비롯한 미국 청소년들의 삶은 달랐습니다. 그들은 너무나 많은, 어쩌면 맞닥뜨리고 있는 삶의 모든 순간에 선택의 딜레마, 도덕적으로 옳고 그름의 딜레마를 겪고 있었던 겁니다. 가령 어머니가 좋아하는 행동을 할 것인가 아버지가 좋아하는 행동을 할 것인가, 가족의 종교를 따를 것인가 친구의 종교를 따를 것인가, 가족의 전통을 따를 것인가 내가 감명 깊게 읽은 책이 소개하는 행위를 따를 것인가 등등……. 뿐만 아니라 "너무나 다양한 요소들이 조합되어 이루어진 것이기 때문에 어느 한 집단이 수용하는 생각들에는 수많은 모순이 있을"[30] 수밖에 없을 겁니다. 그런 모순들 중에서 선택해야 하고, 선택해야 할 때는 당연히 그런 모순에 직면해야겠죠.

어떤 이유에서인지 모르지만, 매 순간 선택에 따른 갈등과 모순을 불러일으키는 이와 같은 상황이 청소년들을 사춘기에 들게 하는 한 가지 원인이라는 게 미드의 분석입니다. 이런 '선택'의 차이가 바로 청소년들의 '신경증', 즉 사춘기를 만든다는 것이 미드의 결

론이죠. 그는 이렇게까지 주장합니다. '문화가 인성을 만든다.'

이렇게 사람을 다른 환경에서 자란 사람과 다르게 만드는 물리적·비물리적 요소들이 환경이라면, 학습 환경은 무엇이라고 이야기할 수 있을까요? 아마도 공부에 대한 한 사람의 성향이나 태도를 형성할 수 있도록 영향을 주는 주변 요소들이라고 할 수 있지 않을까 싶습니다. 말하자면 어떤 학습 환경 속에서 공부하느냐에 따라 공부에 대해 서로 다른 종류의 성향과 태도를 형성할 수 있다는 말입니다. 가만, 그 말은 이런 환경에서 자라면 이런 공부 형태에 대한 성향과 태도를, 저런 환경에서 자라면 저런 공부 형태에 대한 성향과 태도를 형성하게 한다는 말과 다름없는데 이게 무슨 뚱딴지 같은 말이죠? 공부가 공부지, 이런 형태의 공부와 저런 형태의 공부가 따로 있다는 얘기인가요?

인간이 공부를 해온 역사는 워낙 길기 때문에 공부가 무엇인지를 한마디로 정의하기는 어렵습니다. 더구나 시기·사회·집단·사람 등에 따라 지향하는 공부의 모습이 달랐기에 어느 한 부분, 한 영역을 박제해 공부란 무엇인가 정의하는 것도 그리 바람직한 일은 아니겠죠. 하지만 한 가지 분명한 것은 근현대 한국 사회에서 공부란 어떤 자격 또는 그와 동등하다고 여겨지는 성적을 얻기 위해 이를 확인하고 평가하려는 시험에서 요구하는 명시적·절차적 지식을 끊임없이 암기하고 적절하게 인출하는 일을 가리킨다는 점입니다. 해마다 11월을 떠들썩하게 만드는 대학수학능력시험 포함, 각종 자격 시험을 위한 공부가 바로 이런 형태의 공부입니다. 아마 여러분도 여기저기서 보고 들었을, 공부에 관한 책들이나 다양한 형태의 창작물들이 전제하고 있는 것이 바로 이와 같은 우리 사회의 관념이죠. EBS의 유명한 다큐멘터리 「공부하는 인간」이 보여준, '대치동'이 상징하는 공부가 그런 관념의 전형적인 예가 될 수 있을 것입니다.

그러나 그런 형태의 공부만 있는 것은 아닙니다. 자신의 문제를 나침반 삼아 그 문제를 푸는 데 반드시 필요한 것들을 두루 섭렵하고, 그 과정에서 지적 성숙이나 삶의 변화, 저작물 등 다양한 유형의 결과물을 생성하고 창조하는 공부도 있습니다. '리얼 월드 러너'들의 공부가 꼭 그런 것이었고, 제가 여러 번 되풀이해 말하고 있는 '(삶의) 문제 찾기-문제 삼기-문제 풀기'의 형태로 이루어지는 공부도 그렇습니다. 탈학교 청소년들의 모임인 '고글리'에서 행하는, 다양한 방식으로 해보고 싶은 것 하고 알아보고 싶은 것 알아보면서 새로운 삶의 길road을 개척하고 열어가는 과정 자체를 '배움'으로 여기는 '로드스쿨링' 또한 그런 공부라고 할 수 있고요.[31] 그리고 저는 이런 공부가 좀 더 공부다운 공부, 참된 공부라고 믿습니다.

물론 공부의 형태를 두 가지로 단순화해 담론하는 데에는 여러

가지 문제가 있을 것이고, 또 공부 형태에 대한 선호는 학습자 각자의 가치 부여와 신념의 영역이기 때문에 어떤 공부가 더 좋은 공부다 딱 잘라 얘기할 수도 없을 것입니다. 다만 강조하고 싶은 것은, 학습자에게 어떤 학습 환경이 주어지느냐에 따라 또는 학습자가 어떤 학습 환경 속에서 공부하느냐에 따라 공부에 대한 성향과 태도는 상당히 달라질 수 있다는 점입니다.

앞서 소개한 EBS 다큐멘터리 「공부하는 인간」에 따르면, 어려서부터 '시험공부=공부'인 학습 환경에서 자란 한국 학생들은 누군가의 해설을 듣는 데 익숙하고 '정답'을 찾으려는 공부 태도를 형성하는 반면, '하브루타'라는 독특한 공부법을 통해 공부하는 유대인 학생들은 그 반대의 공부, 즉 질문을 만들고 그에 대한 대화와 토론을 통해 '최선'의 답을 찾아가는 공부를 선호하는 성향으로 자란다고 합니다.

사회가 어떻게 생겼고, 어떤 방식으로 굴러가느냐에 따라 사회에서 요구하는 공부, 사회 구성원이 선호하는(또는 울며 겨자먹기로 선택할 수밖에 없는) 공부는 다를지도 모릅니다. 아니, 십중팔구 다를 겁니다. 결국은 그게 학습 환경과의 상호작용과 되먹임 속에서 서로를 재생산하고 강화하게 될 테니까요. 하지만 이 말은 꼭 하고 싶습니다. 뇌과학자 아닐 세스는 학생들이 "자기 자신의 목적과 문제를 가지고 있고 자기 자신의 사고를 할 때"[32], 즉 나의 내부에서 시작한 문제를 해결해가면서 세계를 만들고 이해해갈 때 비로소 진정한 내가 될 수 있다고, 그것이 진정한 내가 되는 과정이라고 이야기한다는 것을요.[33]

그래서 듀이는 학생들이 진정으로 자율적으로, 자발적으로 학습하는 습관을 갖게 하려면 '자유로운' 학습 환경을 제공해야 한다고 말합니다. 여기서 자유란 "지적 활동을 스스로 주도해 나가는 것, 독립적으로 관찰하고 새로운 것을 생각해 내며 결과를 예견하고 그 결과에 맞게 잘 적응해 나가는 것"[34]을 뜻하는데, 그 말은 자신의 문제를 자신의 방식대로 찾고 해결해볼 자유를 말하는 것이죠. 자유롭게 자신을 둘러보고, 그럼으로써 **자신의 문제를 찾고 그 문제를 해결하기 위한 자원을 습득하고 이를 통해 자신의 문제를 풀어갈 수 있도록 지지·지원할 수 있는 환경을 학교가 마련해야 한다**는 말과 다르지 않을 겁니다. 설사 문제를 푸는 데 실패하더라도요.

이렇게 학생들의 학습의 자유를 인정할 때 그 학급은 학생의 개성을 존중하는 환경, 개별 학습이 가능한 환경이 조성될 겁니다. 역으로 그런 환경에서 학생들은 자유롭게 학습하고, 또한 자신의 관심에 따른 개별화된 학습을 할 수 있을 것입니다. 언제나 인간의 행위와 환경은 얽혀 있는 법이니까 말입니다. 듀이가 말하는 "지적으로 자유로운 사람", 자신의 문제에 자신의 방식으로 골몰할 수 있는 사람은 그런 학습 환경에서 가능할 것입니다.

여러분이 보기에 우리 사회는, 우리 학교는 어떤가요? 우리 자신, 우리 학생들의 문제 찾기-문제 삼기-문제 풀기의 과정과 그 결과에 관대한가요, 그렇지 않은가요? 그런 시공간을 마련해주는가요, 그렇지 않은가요?

우리 교실은
어떤 학습 환경을 제공하는가?

교육의 속성 중 하나는 더 나은 사람이 되는 것, 더 나은 삶을 사는 것이고 교육은 우리 삶의 모든 공간, 모든 시간에서 이루어지는 행위죠. 학교교육만이 더 나은 사람이 되고 더 나은 삶을 사는 데 만능 '치트키'가 될 수는 없다는 얘기입니다. 그러나 손을 놓고 있을 수는 없죠. 어쨌든 교육을 목적으로 설립된 기관인 이상 교육적 효과를 낼 수 있는 환경을 의도적으로 조성하는 일이 필요합니다. 어떤 환경이 그런 효과를 낼 수 있을까요?

교육이 더 나은 삶을 지향한다면 이는 분명 삶에 둘러싸인 환경, 삶과 분리되지 않은 환경 속에서 이루어져야 할 겁니다. 그래야 삶의 문제를 학교교육을 통해 풀어보는 일이 가능해질 거고, 이는 다시 더 나은 삶을 사는 데 되먹임이 될 것이기 때문입니다. 그럴 때 비로소 학교교육은 '높은 담'을 넘어 학교 밖으로, 학생들의 삶으로, '리얼 월드'로 나올 수 있게 되겠죠. 학교를 넘어선 더 넓은 환경 또는 사회집단과 접촉할 수 있는 환경[35], 그리고 학생들이 살아가는 사회와 동일한 환경[36]이 필요하다는 얘기입니다. 위에서 이야기한 고등학교 교사의 고백에서 읽을 수 있다시피 "학습에 필요성을 부여하고 보람을 안겨주는 사회적 환경이 없는 것, 이것이 학교가 고립되는 가장 중요한 이유"[37]이기 때문입니다. 따라서 학습이 사회적 목적을 가진, 삶과 분리되지 않은 계속적인 활동이 되도록, 나아가 "전형적인 사회적 사태에서 나온 자료를 활용하도록"[38], 학습을 위해 설치된 교과가 바로 그러한 성격을 띨 수 있도록 환경을 마련하는 것이 중요하지 않을까 생각합니다.

그러려면 '공부란 무엇인가'를 묻는 것부터 시작되어야 하지 않을까 싶습니다. 그 대답 여하에 따라 교사로서 어떤 학습 환경을 만들어갈지 정해지지 않을까 하는 생각에서입니다. 궁금하시죠? 과연 현재의 학교 제도하에서 그런 학습 환경을 마련한다는 것이 가능한지. 만약 가능하다면 그런 학습 환경이 갖추어진 교실에서는 어떤 공부가 이루어질지.

고라니의 죽음을
막아줘!

지금부터 하려는 이야기는 초등학교에서 이루어진 수업에 관한 것이고, 따라서 다른 학교급에서 학생들과 공부를 하는 독자 여러분에게는 현재의 학교 제도 속에서는 사실상 불가능한 일처럼 들릴지도 모르겠습니다. 하지만 손가락 말고 달을 봐주면 고맙겠습니다. 어떤 수업을 어떻게 했느냐에 관한 세부사항보다는 저 수업을 위해 '어떤 환경'을 조성했는가, '어떤 환경' 속에서 저 수업을 구성하고 수행했는가에 초점을 두고 이야기를 들어주시면 좋겠습니다.

'고라니의 죽음을 막아줘!' 제 동료교사가 학생들이 제기한 문제의식을 바탕으로 학생들과 함께 개발해 공부한 교육과정 이름입니다. 이름부터 심상치 않죠?

"너희들, 뭐 공부하고 싶어?"

'Hic et nunc(힉 에트 눈크)', 즉 '지금-여기'를 중요하게 생각하는 이 교사가 새 학기가 시작되는 첫날 학생들을 만나 던지는 첫마디입니다. 학생들은 황당하죠. '이 선생님 뭐지? 당연히 교과서 공부해야지, 뭘 공부해?' 학생들만 황당할까요? 이 글을 읽고 있는 독자 여러분도 마찬가지일 것 같은데요. 무슨 말을 해야 하지? 아무 말이나 해도 되나? 눈치를 보며 입을 앙다문 채 눈만 껌뻑껌뻑하는 아이들에게 다시 묻습니다.

"너희들 뭐 공부하고 싶어? 너희들한테 요즘 뭐가 문제야?"

지금 당장 가장 시급한 것, 가장 배우고 싶은 것을 생각해보라는 주문입니다. 처음에는 당황스럽지만 이런 질문을 몇 번 받다 보면 학생들은 곧 제 삶을 뒤살피기 시작합니다. 지금 당장 내가 공부하고 싶은 게 뭐지? 지금 여기서 내가 풀고 싶은 문제가 뭐지? 나는 어떤 것에 관심이 있지?

그러던 중 한 친구가 얘기합니다. "선생님, 학교 오는 길에 고라니가 죽어 있는 게 자주 보여요. 고라니가 죽어 있는 걸 보고 싶지 않아요." 무릎을 칩니다. 이거구나. 이게 이 녀석한테는 정말 중요한 문제구나. 그래, 이걸 이 친구의 문제에서 우리 반의 문제로 만들어 공부하자. 자, 그러려면 뭐부터 해야 할까?

고라니의 삶의 방식을 알기 위해 고라니 전문가를 부릅니다. 우연인지 필연인지 마침 고라니 전문가 옆에 앉은 사람이 동물 로드킬 전문가입니다. 그분도 같이 오시면 좋겠다고 얘기했더니 고맙다면서 오신답니다. 이야기만 듣고 끝낼 게 아니라 내친김에 강사 선생님들을 인터뷰하고, 질의응답까지 이어감으로써 국어과 교육과정에서 제시하는 성취기준도 공부합니다. 또 지역행복센터에서 진행하는 '마을 계획단' 프로젝트에 참여합니다. 캠페인 비용 마련을 위한 펀딩을 진행해 목표 금액보다 더 많은 펀딩을 받고, 시청에 관련 대책을 세울 수 있는지 문의합니다. 전국 토론대회에 나가고 어쩌다 지역 국회의원 귀에까지 들어가 결국 로드킬 주의 표지판을 세우는 일까지 이끌어냅니다.

어떻습니까. 한 학생의 삶에서 비롯한 문제가 학급의 문제가 되고, 한 지역의 문제가 되었으며, 이는 결국 같은 문제의식을 공유하는, 어디선가 우리와 함께 살고 있는 보이지 않는 수많은 사람들의 문제가 되었습니다. 한 사람의 문제가 고립을 뚫고 높은 담장을 넘어 사회와 연결되었습니다. 이처럼 학생들에게 문제를 찾게 하고 애써 찾은 문제를 더 넓은 사회와 연결하는 것, 그렇게 공부의 목적을 사회와 연결하고 그럼으로써 학교 공부를 더 넓은 사회적 환경 속에서 수행하는 것, 그게 이 교사가 학생들과 공부하는 방식입니다. 그게 자신이 가장 잘하는 일이라고 내놓고 얘기합니다.

그렇게 함으로써 학생들이 찾은 그 소중한 문제가 결코 그들에게 국한된 또는 높은 담장 안의 '사소한' 문제가 아니라 우리 모두가 함께 생각해보아야 할 중요한 사회적 문제임을 드러냅니다. 학급을 고립에서 끄집어내어 사회 속으로 나아가게 하는 동시에 자신들의 공부에 사회적 의미를 부여합니다. 동시에 현재 우리 사회가 겪고 있는 문제를 그들의 공부를 통해 다룹니다. 말하자면 '높은 담'에 갇힌 '가상 세계'인 학교를 담을 넘어 세계로 나온 '리얼 월드'로 바꿔놓을 뿐만 아니라 '리얼 월드' 속에서 공부합니다.

사회학자 지그문트 바우만이 얘기한 것처럼 지역적 문제가 일으키는 파장은 사회를 향하고, 사회 전체의 문제가 끼치는 영향은 지역을 겨냥합니다. 지역과 사회가, 학교와 사회가 원래 그렇게 깔축없이 얽혀 있습니다. 우리가 날마다 학생들과 만나서 하는 공부는 사실 그처럼 넓은 환경을 '콘텍스트'로, 배경으로 갖고 있다는 말입니다. 그 배경을 찾아 우리가 공부해야 할 학습 주제와 연결 짓는 일이 결국은 공부에 의미를 부여하는 환경을 만드는 일이 아닌가 싶습니다. 우리 교사들의 노력 여하에 따라 나와 학생들이 공부하는 맥락과 환경이 얼마든지 넓어질 수 있다는 얘기입니다. 이 교사의 말대로 그런 학습 환경 속에서 우리는 학생들의 발맘발맘 성장을 기대할 수 있을 겁니다.

수업과 평가가 학생들이 살아가는 '리얼 월드'와 연결된 환경 혹은 '리얼 월드' 그 자체라는 것. 이는 곧 공부다운 공부, 삶과 분리되지 않은 공부를 수행하기 위해 잘 갖춰져야 할 기초적이고 기본적인 학습 환경이 아닐까 싶습니다. 그런 환경을 구성하려고 노력할 때 학생들은 자격과 성적을 넘어 자신의 성장을 일구는 데 필요한, 좀 더 공부다운 공부에 대한 성향과 태도를 기를 수 있지 않을까 생각해봅니다.

10

교과

저는 몇 년째 체육전담 교사를 하고 있습니다. 체육교과교육을 방편으로 학교교육을 수행하고 있죠. 아마 여러분도 학교교육의 방향을 지시하는 국가 교육과정에 편제된 다양한 교과—국어, 수학, 사회, 도덕, 영어 같은—들을 방편으로 학생들과 만나고 교육하고 있을 겁니다. 이제는 이런 '정규 교과'들에 더해 '학교교과목'이라고 해서 학생과 교사의 공부에 필요한 교과가 있다면 자율적으로 만들고 설치할 수 있도록 보장하기까지 합니다(전라북도교육청 산하의 초등학교에 한해서긴 하지만요).

그런데 혹시 그런 의문은 가져보지 않았나 모르겠습니다. 왜 다른 교과가 아닌 이 교과여야 할까? 왜 꼭 교과교육을 방편으로만, 교과와 상관해서만 학교교육을 수행해야 할까? 교과를 통하지 않고서는, 교과 없이는 학교교육은 불가능한가? 교과라는 게 대체 무엇이기에?

저는 이런 의문을 꽤 오래전부터 가지고 있었습니다. 제 전공인 교육인류학을 공부하면서 다양한 형식과 방식으로 이루어지는 교육의 모습들을 만날 수 있었기 때문입니다. 원시부족사회의 성년식이 꼭 그런 것이었고, 실천 공동체의 주변에서 중심부로 들어가는 과정에서 이뤄지는 '합법적 주변참여'³⁹나 동호회 등지에서 찾아볼 수 있는 '함doing'을 통한 교육⁴⁰ 또한 그 예가 될 수 있습니다.

이런 사례들을 볼 때마다 피부부터 골수까지 학교교육에 푹 젖어 있던 저는 '와, 교과 없이도 교육이 가능하구나' 하며 놀라곤 했는데요, 이번 기회에 정식으로 교과 또는 교과교육의 기원에 관해 조사해보기로 마음먹었습니다. 그러나 불행히도 의문을 풀지 못했습니다. 대신 동서양을 막론하고 고대부터 지금까지 거의 대부분의 교육 기관과 제도들이 교과를 다루고 있다는 것, 그리고 교과와 교과교육에 대한 근현대의 다양한 연구와 담론들이 교과교육의 기원을 거슬러 올라가기보다는 교과의 배움과 가르침을 교육 또는 학교교육의 당연한 전제조건으로 삼고서 연구를 수행하고 담론을 형성한다는 것, 달리 말해 교과와 교과교육에 대해 어떤 의심도 품지 않는다는 것만 확인할 수 있었습니다. 그만큼 학교교육과 교과교육은 떼려야 뗄 수 없는 관계라는 방증이겠죠. 다만 기관 또는 제도에 의한 교육이 아닌 다른 형태로 일어나는 교육, 앞에서 예시한 비형식적·무형식적 교육의 양상들을 통해 교과가 없어도 교육이 가능할 수도 있구나 하는 것을 미루어 추론할 수 있겠습니다.

조사 과정에서 ChatGPT에게 '학교교육은 왜 교과를 통해 수행되지?' 물어봤는데, 그 이유를 다음과 같이 말해주더군요.

- 전인적 학습: 다양한 분야에 대한 폭넓은 이해와 균형 잡힌 사고력 형성
- 전문성 함양을 위한 기초: 특정 분야에 대한 전문성 함양을 위한 필수 지식과 기술 습득
- 구조화된 교육과정: 객관적이고 체계적인 교육의 기회와 과정 제공
- 인생을 위한 준비: 문제 해결, 의사소통, 비판적 사고 등 삶의 다양한 측면 및 '실제 세계real world'의 과제 해결을 위한 준비
- 표준화: 성별, 지역, 부모의 사회·경제적 여건에 관계없이 일관된 수준의 교육 내용 제공
- 평가: 학습의 결과 및 학습 능력 신장에 대한 객관적 평가 기회 제공

그렇군요……. 그런데 여전히 의문이 듭니다. '구조화된 교육과정', '표준화', '평가'야 원래 학교라는 게 생기고부터 그 체계와 구조를 만들고 지탱하는 구성 요소로 삼은 것이니 그럴 수 있겠다 싶지만, '전인적 학습('전인'이 무엇인지는 일단 논외로 치더라도)', '전문성 함양', '인생을 위한 준비' 같은 것들도 교과교육을 받지 않으면, 교과교육을 통하지 않으면 성취가 불가능한 걸까요? 가령 전문성 함양은 도제교육이나 동호회, 클럽 등에서 이루어지는 것이, 인생을

위한 준비는 성년식이나 아니면 앞서 소개한 '리얼 월드 러너'들처럼 실제로 자신이 풀어야 할 중요한 문제를 해결해가는 과정에서 배우는 것이 '무관심' 속에서 잡다하게 이루어지는 학교교육보다 훨씬 더 나은 결과를 보여줄 것 같은데 말입니다. 교과가 포괄하지도, 다루지도 못하는 전문성과 삶의 영역이 너무나 깊고 넓은 게 사실이고요.

이래저래 왜 교과를 다뤄야 하는지, 왜 학교교육은 꼭 교과를 통해야만 하는지에 대한 명쾌한 답을 찾기가 어렵습니다. 그렇다면 질문을 바꿔야 할 것 같습니다. 우리는 교과교육을 방편으로 (학교)교육을 수행하는데, 일단 이를 전제조건으로 수용한다면 교과란 무엇이기에 그렇게 하고 있으며 그렇다면 교육의 목적 달성을 위해 교과는 어떤 특성과 성격을 띠어야 하는가? 달리 말해 교과의 의미와 역할은 무엇인가로요.

교과란 무엇일까?

학교교육이 교과를 방편으로 이루어지는 건 학교가 교과를 그런 식으로 대하고 사용하기 때문이지, 교과 자체가 반드시 학교와는 관련이 없을지도 모르겠다는 생각이 문득 들었습니다. 그래서 국립국어원 표준국어대사전에서부터 대형 포털사이트의 국어사전 그리고 위키백과까지 나름 유명하다는 사전에서 '교과'를 표제어로 검색해봤는데요, 거의 대부분 다음과 같은 정의를 내리고 있더군요.

학교에서 교육의 목적에 맞게 가르쳐야 할 내용을 계통적으로 짜 놓은 일정한 분야. (표준국어대사전)

그 외에도 제가 찾아본 모든 사전에서 교과를 '학교'와 관련지어서 정의한다는 것을 확인할 수 있었습니다. 다르게 말하면 적어도 한국 사회에서 교과는 학교와 관련해서 이해되고 있고, 반대로 학교교육은 교과를 떠나서는 생각할 수 없다는 것으로 이해할 수 있을 겁니다. 따라서 학교가 교과를 다루는 것은 '당연'하고 '자연스러운' 일이지만 그 외의 곳, 가령 '리얼 월드 러너'들이 자신의 문제를 해결하기 위해 웹사이트를 운영하는 법이나 앱 만드는 법을 배우는 걸 두고 교과교육이라고 하는 것은 어색하고 낯선 상황인 거죠.

여러분은 어떻게 생각하시나요? 리얼 월드 러너들도 자신의 교육 목적을 위해 교과를 공부한다고 말할 수 있을까요? 분명히 자신이 달성하고자 하는 교육 목적을 위해 나름대로 체계화·계통화한 여러 지식 체계들이 있을 텐데요. 어려운 문제군요. 상식적으로는 분명히 아닌데, 그렇다고 확신하기에는 또 뭔가 찜찜합니다.

찜찜함의 정체를 밝히기 위해 교과에 대한 위의 정의를 곰곰이 따져보겠습니다. 우선 '교육의 목적'이 무엇인가 하는 건데요, 대답하기 너무나 난감한 질문입니다. 목적이라고 하는 것은 예견되는 또는 기대되는 결과와 밀접하게 관련되는 것이라서 시대마다 사람마다, 또 우리나라의 경우 학교의 교육 방향을 지시하는 나침반인 교육과정마다 교육의 목적을 서로 다르게 설정하고 있기 때문입니다. 뿐만 아니라 교육의 목적을 교육이라는 행위 자체 또는 내부에서 찾느냐 외부에서 찾느냐, 개인적이냐 인간의 행위인 이상 사회와 관련지을 것이냐 등 다양한 논의의 틀을 가지고 있어서 단 한 마디로 '교육의 목적은 이것이다'라고 이야기할 수가 없습니다. 그러니 이 질문은 잠시 보류하는 게 좋겠습니다. 다만 한 가지, 「성장」 꼭지에서도 얘기했지만 듀이는 "성장에는 더 성장하는 것 이외의 다른 목적이 없으며, 따라서 교육에도 더 교육받는 것 이외의 다른 고려사항이 없다"라는 말로 교육의 목적은 계속해서 교육에 참여하는 거라고 이야기하고 있음을 상기하는 것으로 갈무리하겠습니다.

교육의 목적을 제외한다면 위의 사전 정의에서 추론해볼 수 있는 것은 다음과 같습니다.

- 교육의 목적이 달라지면 교과도 달라질 수 있다.
- '계통적으로 짜 놓은 일정한 분야', 즉 분류될 수 있고 체계화할 수 있는 명시적인 것만 교과로 취급한다.
- 인성, 생활 습관 등 교육의 목적에 맞게 가르쳐야 할 것이지만 '암묵적인 것' 또는 '비명시적'인 것, 비체계적인 것은 교과로 취급하지 않는다.

분석해놓고 보니 한 가지는 분명하군요. 우리가 만나고 다루는 교과가 만고불변은 아니다, 다만 우리가 현행 교과 체제에 너무 익숙한 나머지 그 자의성과 우연성을 자각하지 못할 뿐이다.

이쯤 되면 교과가 과연 무엇인지 따져보는 일부터 다시 시작해야겠습니다. 독일의 교육학자 쩽켈이 쓴 『수업현상학』이란 책에 나오는, '수업'이라는 전문적 행위가 발생하게 된 연원을 추적한 가상의 이야기를 한번 들어보죠.

한 소년이 활 만드는 장인에게 찾아가 활 만드는 법 배우기를 청합니다. 장인은 처음에는 한사코 거절했지만 결국 소년을 거둬 활 만드는 법을 가르치기 시작합니다. 나무 고르기, 나무 건조하고 다듬기, 시위 꼬기 등 활 제작에 필요한 다양한 분야의 기술과 지식들을 전수했겠죠. 소년의 숙련도가 높아지면서 활 장인이 가르치는 내용도 점차 많아지고 깊어졌을 겁니다. 또 활 만드는 것을 배우겠다고 찾아오는 학생 수가 늘어나면서 이를 전문적으로 가르치는 사람과 공간에 대한 고민이 자연스레 생겨났을지도 모를 일이고요.

학생과 교사, 수업의 탄생을 상상해보는 하나의 예화지만 한편으로는 이 과정에서 학생이 배우고 교사가 가르쳐야 할 교과가 발생했을 것임을 미루어 짐작할 수 있을 겁니다. '나무 고르기', '활의 원리', '활의 역학', '화살 궤적 계산' 등등……. 써 놓고 보니 좀 웃기네요.

처음에는 이렇게 삶의 필요에 의해서, 또 삶과 밀접한 문제와 관련해 소소하고 소박하게 교육이 발명되고 시작됐을 겁니다. 하지만 사회 규모가 커짐에 따라 해야 할 일, 알아야 할 것들이 많아지면서 활 장인과 같은 직접 교육 그리고 간접적으로 알게 된 지식을 전달하는 형태의 간접 교육이 불가능해지고, 따라서 사회생활에 필요한 사전 훈련과 교육을 의도적으로 시켜야만 하는 기관을 만들고 운영할 수밖에 없는 상황에 직면하게 되었겠죠. 그러나 복잡한 사회생활에 필요한 모든 것을 다 가르칠 수는 없는 노릇이어서 어쩔 수 없이 사회 참여나 사회에 필요한 인간 양성을 위한 교육 내용들을 정선하고 정리해야만 했을 겁니다. 아마도 그렇게 교과라는 게 생겨났고, 또한 그렇게 교과교육이 학교교육의 방편으로 자리 잡게 되지 않았을까 생각해봅니다.

정리하자면 교과는 학생과 교사 공통의 중요한 '유목적적' 문제, 즉 어떻게 사회 구성원이 될 것인가, 어떻게 사회 구성원으로 만들 것인가 하는 문제를 해결하기 위해 의도적으로 고안해낸 특정한 기술과 지식의 체계라는 것입니다. 그래서 듀이는 교과를 다음과 같이 정의합니다.

> 배워야 할 교과는 활동을 계속적으로 의도적으로 추구하는 과정에 자원 또는 장애로서 끼어들어오는 사물, 관념, 원리와 동일한 것이다.[41]

> 교과는 유목적적인 사태의 전개 과정 속에서 관찰되고 회상되는, 또는 글이나 말을 통하여 전달되는 사실들, 그리고 제의되는 아이디어들로 구성된다.[42]

이는 다음과 같이 정리해서 나타낼 수 있겠습니다.

교과subject matter=(학습)주제=삶의 문제와 관련 말하자면 교과란 삶의 문제를 풀어가는 데 유용한 자원을 가지고 있는 것으로서, 교과가 먼저 있고 학생들은 먼저 만들어진 교과를 수동적으로 받아 공부하는 것이 아니라 학생들의 삶의 문제와 관련해 그 문제를 푸는 데 필요한 것들이 '끼어들어'와 교과로서 구성되어야 한다는 얘기입니다. 활 장인의 이야기에서나 듀이의 이야기에서나 공통으로 찾아낼 수 있는 교과의 구성 원리고, 교과가 띠어야 할 성격입니다.

그래서 듀이는 교과의 가치를 따지는 기준을 다음과 같이 제시합니다.[43] 이런 내용들로 구성된 교과라면 그 속에 담긴 지식, 기술들은 다다익선이라는 거죠.

- 교과에 담긴 내용은 "현재 학생이 관심을 가지고 있는 질문에서 자연적으로 파생되어 나오는가?"
- 교과에 담긴 내용은 "학생이 가지고 있는 일상적인 직접적 지식에 잘 맞아들어가서 그 지식의 효율성을 증대시키고 그 의미를 심화시키는가?"

하지만 지금은 상황이 어떻습니까? 학기 초 풍경을 가만히 떠올려봅니다. 올 한 해, 학생들이 풀고 싶어 하는 문제를 바탕으로 선정한 '사실들', '아이디어들'로 교과를 구성하는지, 아니면 자칭

타칭 '교육과정 전문가'라는 사람들이 학생의 문제와는 상관없이 자신들의 욕망과 논리에 따라 선先 개발하고 결정한 교과를 학생들에게 공부하라고, 배우라고 '권하는지' 말입니다. 솔직히 얘기하면 저는 후자에 속합니다.

교과를 둘러싼 다양한 문제

교과라는 게 그렇게 발생되고 교과교육이 그렇게 시작됐을 것임을 생각하면, 또 교과의 가치를 따지는 기준을 고려하면 현재의 교과교육이 야기하는 몇 가지 논쟁들이 이해가 갑니다. 물론 숱한 고민 끝에 설치된 교과들을 배우고 가르치는 데서 오는 소중한 가치와 이익을 폄하할 생각은 추호도 없습니다만, 그럼에도 저는 그 빛에 의해 가려질 수도 있는 문제점 또는 교과교육 시 주의 깊게 살펴보아야 할 몇 가지 사항을 짚어볼까 합니다.

첫 번째로 따져볼 문제는 교과를 보는 관점, 즉 교과는 학문의 단순화인가 아니면 그 자체로 자율성을 가진 또 다른 영역인가 하는 것입니다. 가만히 생각해보면 우리가 다루는 교과들은 거의 대부분 학문과 관련됩니다. 그래서 교과를 개발할 때는 각 학문의 전공자들이 투입되죠. 이 관점에서 보면 후대에 전수해야 할 인간의 위대한 문화유산으로서 학문이 있고, 이를 원천으로 삼아 '교수학적 변환'을 거쳐 학생들의 발달단계에 맞게 내용을 선별해 축소하고 정련한 것이 교과입니다. 그렇게 되면 교과는 학문을 참조하는 것이 아닌 학문에 의존하고 종속되는 거죠. 학문이 없으면 교과가 만들어질 수 없기 때문입니다. 어쩌면 그래서 학문을 연구하는 학자들은 자신의 학문후속세대들을 직접 양성하는 데 반해 교사들은 자신의 교사후속세대들을 자신의 손으로 길러내지 못하는 웃지 못할 촌극이 빚어지는 것이 아닌가 하는 생각이 듭니다. 교사를 학자가 기른다? 그렇게 말하고 보니 참 어이가 없습니다. 이혁규는 교과가 학문에 종속될 때 생기는 문제를 세 가지로 정리하고 있는데요, 다음과 같습니다.[44]

- 교과(교육)는 교육에 봉사하고 교육의 방편으로 수행되는 것이 아니라 교과 자체의 목적, 즉 '모학문'의 내용을 전달하고 습득하는 패러다임에 지배 당하게 된다.
- 교과가 학생 및 교사의 삶의 문제와는 무관하게 선결정된 학문의 경계에 따라 세분화된다.
- 학교 현장에서 교과가 다루어지는 방식, 양상이 학문 현상,

즉 학문의 발전, 진화, 쇠퇴, 변화에 영향을 주지 못한다.

한마디로 학문이 없으면 학교교육도 못한다는 얘기군요. 그런데 정말 그렇습니까? 학교교육이 교과교육의 총합인가요? 교과교육만 제대로 이루어지면 학교교육의 목적이 달성되나요? 각급 학교에서 교과교육을 그렇게 열심히 하는데도 인성이 어떠니, 리터러시가 어떠니, 민주시민이 어떠니 하는 이야기들이 끊임없이 회자되는 걸 보면 반드시 '학교교육=Σ(교과교육)'은 아닌 것 같습니다. 설사 그렇다고 하더라도 학문은 제자리에 있지 않습니다. '붉은 여왕 효과'라고 하죠. 교과가 교과로서의 정체성과 자격을 잃지 않으려면 학문의 잰걸음을 따라가야 하는데, 이미 알고 있는 일이지만 상식적으로도 그렇지 못합니다. 학문에 의존하는 교과가 학문을 초월한다는 것은 있을 수도 없는 일이고요.

이게 두 번째 문제죠. 이는 앞서 언급한 젱켈이 '파울젠 효과'라고 명명한 건데요, 간단히 말해 학문의 교수학적 변환의 결과인 교과가 학문의 신보와 발전을 따라가지 못한다는 것, 즉 '교과 지체' 현상을 가리키는 말입니다. 학문 영역에 종사하는 또는 학문을 연구하는 학자들이 직접 학문을 가르치는 게 아니라 학문을 변환해서, 거기다가 학문과는 직접 관련이 없는 교사를 대리인 또는 매개인으로 해서 교과를 가르치는 이상 교과가 다루는 영역과 학문이 다루는 영역이 달라질 수밖에 없습니다. 학문의 축소판인 교과가 학문을 반영하지 못하는 괴이한 현상이 초래되는 거죠. 학문을 전수하고 유지, 발전시키는 게 교과교육이 할 일 중 하나인데 교과가 학문을 담지 못한다? 뭔가 웃기면서도 마냥 웃을 수만은 없는 상황입니다. 그럼 또 교과는 교과대로, 학문은 학문대로 서로의 길을 향해 나아가는 괴리가 생기겠죠. 지금까지와 마찬가지로 학생의 삶의 문제를 풀기 위해 발생한 교과가 정작 학생의 삶과는 무관하게 진화해온 것처럼요.

이게 세 번째로 제기할 문제인데요, 바로 교과와 교과교육의 추상화·형식화·탈맥락화·탈일상화 문제입니다. 한 사회의 삶의 양식을 배워 사회에 진출하기 위한 사전 훈련 기관인 학교가 어쩔 수 없이 생기긴 했지만, 초기의 학교가 다루는 교과는 여전히 학생들의 삶의 문제를 풀기 위한 자료나 자원, 아이디어들을 엮은 것이었을 겁니다. 가령 소피스트들이 당시 젊은이들에게 필요했던 덕, 정치, 도시와 가정의 관리 등을 가르쳤던 것처럼요.

하지만 「교육철학」 꼭지에서 언급했듯 그 교과 자체의 논리와 내용들을 깊이 연구하고 공부하는 사람들이 생기면서 점차 학문으로 발전했습니다. 쳉켈이 얘기하듯 인간의 역사 어디쯤에선가 실제로 어떤 일에 종사하는 사람(활 제작 장인), 그 일의 내용을 전문적으로 연구하고 공부하는 사람(활 제작 연구자)과 이들이 연구한 것을 가르치는 전문 교수자 집단(활 제작 교사)으로 분화도 됐을 거고요.

연구 결과로 쌓여가는 지식을 교과로 변환하고 가르치는 일이 반복되고, 사회가 발전하면서 배우고 가르쳐야 할 것들이 늘어나며, 교사라는 전문 교수자 집단 또한 학문의 내용보다는 체계적이고 효과적으로 내용을 전달하는 방법을 고안하는 데 전념하면서 교과는 학생과 교사 자신의 삶의 문제에서 점차 멀어졌을 겁니다. 그 과정에서 교과교육 또한 직접 그것에 참여하는 사람들의 삶에서 떨어져 나가 추상화·형식화되었을 거고요. 어렸을 때 자연스레 알게 된 놀이동요가 교과서에 들어와 교육 내용이 되어 앞뒤 맥락도 없이 의무적이고 형식적으로 배우고 가르쳐야 할 지식이 되고 있는 것처럼요. 아울러 근대교육이 도입되고 모든 국민에게 국가를 향한 같은 마음을 갖게 할 필요성에서 교과는 또 표준화도 되었죠.

그렇게 교과는 학생과 교사 개개인의 특수한 삶의 맥락과 일상에서 분리되어 갑니다. 지금도 학생들 사이에서 이런 말들이 오가는 것으로 알고 있지만, 제가 학생 때도 친구들과 이런 대화를 자주 했더랬습니다. 때론 선생님께 짓궂게 따져 묻기도 했고요. "야, 미적분 배워서 얻다 써먹냐?", "선생님, 고전문학 왜 배워요?" 이런 식으로요.

이 문제와 관련해서 듀이는 이렇게 일갈하는군요.

공부가 효과적인 것으로 되려면 학생이 다루는 수학적 지식이 자기에게 관심이 있는 활동의 결실을 얻는 데에 중요한 역할을 한다는 것을 알아야 한다.[45]

그걸 모르니 "얻다 써먹냐?", "왜 배우냐?" 타령이나 하고 앉아 있었겠죠. 하지만 어쩌겠습니까. 현행 교과와 교과교육에 대한 전복적 사유와 반성이 일어나지 않는 이상 언제부터 구성된지도 모를 이 관습과 관행을 숙명으로 알고 살아갈 밖에요. 교과가 그렇게 추상화·형식화·탈맥락화·탈일상화 되면서 학생과 교사 모두의 삶에서 멀어졌지만, 그래도 학생과 교사가 다른 점은 교사는 교과 내용에 대해 비교적 잘 알고 있는 반면 학생은 그렇지 못하다는 점입니다.

바로 여기서 제가 찾은 마지막 네 번째 문제가 등장합니다. 교과와 관련해 학생과 교사의 앎과 필요의 수준이 다르다는 것이죠. 듀이는 교과를 학생의 교과와 교사의 교과, 두 가지로 구분합니다. 학생 스스로 찾은 문제 또는 자신의 삶의 문제를 푸는 데, 현재 학생 경험을 지속적으로 재구성하고 재구조화하는 데 유용한 자원들로 구성된 것이 학생의 교과라면, 반대로 교사가 가르치고 싶은 또는 반드시 가르쳐야 할 내용들로 구성된 것이 교사의 교과라고 할 수 있습니다. 그리고 어쩌면 거의 십중팔구 학생의 교과와 교사의 교과는 다를 겁니다. 그러나 교육제도와 학교가 그렇게 학생의 교과와 교사의 교과를 따로 설치하도록 놔두지는 않겠죠. 설사 서로에게 필요한 교과를 따로 구분해 학습할 환경을 만들어준다 하더라도 실제 그런 일이 발생했을 때 일선 현장이 얼마나 혼란스러워질지는 안 봐도 훤하기 때문입니다.

그래서 학생들이 공부하는 교과나 교사들이 가르치는 교과는 사실 똑같습니다. 그러나 겉보기에만 그렇다는 것이지 교과를 보는 눈, 교과를 대하는 태도, 교과를 이해하는 능력, 교과의 내용과 관련된 지식과 기술 등 모든 면에서 학생과 교사는 다르다고 말해도 좋을 겁니다. 교사보다 뛰어난 학생이 없는 것은 아니지만 대체로 학생이 조금 성글고 거칠고 투박하게 알고 있다면, 반대로 교사들은 비교적 자세하고 정밀하게 알고 있습니다. 그래서 흔히 마주치는 장면이 이런 것 아닐까 싶습니다. 교사들은 "애들이 말을 못 알아먹어"라고 푸념하고, 학생들은 또 학생대로 "선생님 말씀이 하나도 이해가 안 가" 하고 울상을 짓는…….

듀이가 학생의 교과와 교사의 교과를 가름하면서 주목한 지점이 바로 여기인데요, 그래서 교사가 해야 할 일이 "자기가 가르치고 있는 교과를 알아야 할 뿐만 아니라 학생의 독특한 필요와 능력을"⁴⁶ 아는 일입니다. 그래야 학생과 교사 각자 간 교과의 간극을 줄여 교과를 교사 자신과 학생의 상황과 맥락으로 가져와 가르칠 수 있을 것이고, 그 과정에서 학생의 흥미·수준·요구 등을 고려할 수 있을 것이기 때문입니다. 교사론의 전문직관에서 요구하는 것이 바로 이런 역량이죠.

이제껏 제기한 문제가 '이게 다 교과가 학문에 종속되어 있기 때문이다'라고 말하기는 어렵겠지만, 이혁규의 말대로 교과의 학문 종속성 또는 학문 의존성이 교과교육과 관련한 다양한 문제들의 많은 부분을 차지하는 것은 사실인 것 같습니다.

자, 그렇다면 이에 대한 대안은 무엇일까요? 이혁규는 학문과 독립적인 '자율적인 생태계'로서의 교과를 제안하는데, 저도 같은 생각입니다. 학생들이 배워야 할 것, 교사들이 가르쳐야 할 것들이 적실한 교과로, 가치 있는 내용 체계로 교육 참여자들에게 이해되고 의미화되는 것은 우리의 경험, 삶과 깊은 관련을 맺을 때이기 때문입니다. 그렇게 학문이 탄생시킨 어떤 지식은 삶의 참여자, 교과의 관찰자인 학생 및 교사와의 만남과 관계 맺음을 통해 의미 있는 내용으로, 또 교과로 의미화되고 안정화됩니다. 결국 우리 삶은 이 같은 적실한 만남과 관계 맺음을 통한 의미화·안정화의 연속이고요.

하지만 우리가 만나는 모든 것이 의미화의 과정 속으로 들어오는 것도 아니고, 때로는 삶과 무관한 것들도 있습니다. 교육에서도 마찬가지겠죠. '무의미한 교육 내용', '무가치한 교과', '의미 없는 교육'과 같은 말들이 가리키는 바가 바로 그런 것 아닐까요? 말하자면 학문과는 무관하게 학생들의 삶의 문제를 푸는 데 필요하다면 그때그때 교과를 만들고 해체할 수 있다는 이야기, 즉 언제든 교과는 교과에서 퇴출될 수도, 교과 아닌 것에서 교과가 될 수도 있는 열린 체계라는 말이죠.

그렇다고 해서 교과를 개발하는 데 학문을 완전히 배제해야 한다는 말은 결코 아닙니다. 필요하다면 학문이든 유튜브든 위키백과든 뭐든 참조하고 활용할 수 있겠죠. "교과는 활동을 위한 자원이요 자본"[47]이자 학생의 삶의 문제 해결과 관련되어[48] 선정된 자료들이기 때문입니다. 전라북도교육청에서 추진하는 '학교교과목' 정책이나 일부 교사들이 실천하는 교사 교육과정이 이런 아이디어의 현실화가 아닌가 생각합니다.

자, 그렇다면 이렇게 학문에서 해방되어 교과 자신의 독립, '자율적 생태계'를 이루면 모든 문제가 해결될까요? 더 생각해볼 문제는 없을까요? 아니, 아주 보수적으로 생각해 교과 자신의 '자율적 생태계'를 향한 출구가 거의 보이지 않는 상황에서 우리는 교과를 어떻게 다뤄야 할까요?

교과 사용법
: 학생의 입장에서

아마도 가장 이상적인 교과를 상상해본다면 그건 '학생마다, 교사마다 다른 교과'가 될 겁니다. 학생이든 교사든 그들이 가진 관심, 문제의식, 흥미, 능력 같은 개인적 특성들이 모두 다를 것이기 때문입니다. 이런 특성을 고려해야 한다면 학생들을 정해진 시공간으로 집합시켜 교육의 기회를 제공하는 대신 학생들에게 자신의 특이성을 살려 가르칠 수 있는 교사를 찾아 나서게 해야 할 겁니다. 활 만들기 장인을 찾아갔던 한 소년처럼 또는 리얼 월드 러너들처럼 말이죠.

그러나 현실은 여러 가지 이유에서 녹록지 않습니다. 결국은 제도에서 정한 교과교육에 참여해야 한다는 얘기입니다. 그런 상황에서 그래도 교과교육 참여자, 특히 학생의 입장과 관심을 고려하는 교과를 만들고, 그런 교과교육이 되게 하려면 어떤 점을 고려해야 할까요?

제가 생각해본 것은 두 가지입니다. 우선 첫째, 학생의 삶의 문제와 관련된 교과 만들기입니다. 지금 초등학교 1, 2학년에는 그 예가 될 수 있는 교과가 들어와 있습니다. '안전한 생활'이라는 교과가 바로 그것이죠. 온 동네가 아이 하나를 키우기는커녕 이웃집 어른들도 조심해야 하는 흉흉한 세상에서 자신의 안전을 지키는 것은 미성숙한 학생들에게 정말 중요한 삶의 문제가 아닐 수 없습니다. 문자 그대로 까딱 잘못하면 목숨을 잃을 수도 있다는 점에서도 진짜 '삶의 문제'군요. 그런 점을 고려할 때 '안전한 생활'은 사회적 요구와 필요에 따라 개발된 시의적절한 교과가 아닐 수 없습니다.

문제는 이 교과가 학생들이 스스로의 필요에 의해 요구한 또는 정말로 삶의 현장에서 겪는 안전 문제와 관련해서 이를 풀 수 있는 지식·기술·가치 등으로 구성된 교과인가 하는 것, 이 맥락에서 이 교과를 직접 배워야 하는 학생이 참여해 만든 교과인가 하는 것입니다. 아마도 아닐 겁니다. 아니, 아닙니다. 교과서 뒤표지에 있는 저자 정보를 살펴봤을 때 학생들 이름은 하나도 없었으니까요. 십중팔구 성인들의 판단으로 개발된 교과가 틀림없을 겁니다. 말하자면 '학습자의 교과'는 아닌 것 같다는 얘기입니다. 이는 비단 예시한 '안전한 생활' 교과에만 한정되는 문제가 아니라 학교교과목이나 교사 교육과정에도 공히 적용될 수 있는 문제라고 생각합니다. 학생의 흥미와 요구를 반영해 학문에 갇히지 않고 그때그때 필요한 교과를 개발해 공부하는 것은 좋다, 그런데 그렇게 개발된 교과가 교사의 교과냐 학습자의 교과냐 하는 것 말입니다.

그러나 매번 그렇게 학교교과목이나 교사 교육과정을 만들 수는 없을 겁니다. 제도 교육 속에서 실시되는 것인 만큼 설정의 목적과 학습-교수 내용의 체계화, 성취기준과 평가 등 여러 가지로 고려해야 할 것들이 많고, 따라서 그 환경이 상당히 제한적이기 때문이죠. 그렇다면 어떻게 해야 할까요. 제가 생각해본 두 번째 방법은 교과가 어쩔 수 없이 주어지는 상황이라면 교과를 학생의 삶의 문제를 푸는 데 '사용'하는 것입니다.

영화 「코러스」 이야기로 예를 들어볼까 합니다. 어느 여름날, 실패한 작곡가인 클레망 마티유가 인생 마지막 직장이라는 각오로 'Fond de l'Etang(연못바닥)'이라는 보육원 학교에 부임합니다. 이 학교는 문자 그대로 '바닥'인 곳이었는데요, 이중의 의미에서 그렇습니다. 하나는 고아나 부랑자의 자녀 등 삶이 바닥인 아이들이 학생이라는 것, 다른 하나는 이 학교의 교장이 '액션-리액션'이라는, 말하자면 학생들이 어떤 행동을 하면action 그에 체벌로 반응하는reaction 반교육에 가까운 잔인하고 가혹한 방식으로 학교를 운영한다는 것. 구성원 측면에서나 운영 방식에서나 모두 바닥 같은 학교였죠. 그러다 보니 학생들은 교사나 교장 앞에서는 그 권위에 고개를 숙이는 척해도 그들이 없는 곳에서는 온갖 장난과 나쁜 짓을 저지릅니다.

영화에 명시적으로 드러나지 않지만 이 학교의 학생들에게, 또 마티유 선생에게 중요한 문제는 비인간적인 환경 속에서 좀 더 인간다운 삶을 사는 것입니다. '더 나은 삶을 사는 것', 이는 교육이 추구하는 중요한 목적이기도 하죠. 마티유 선생은 그 바닥 같은 환경 속에도, 또 학생들의 메마른 가슴속에도 노래가 있음을 발견합니다. 어느 날 자기 전, 학생들이 침실에서 자신을 대머리라고 놀리는 노래를 부르는 것을 듣고서요. 그 사실을 안 마티유 선생은 전공과 능력을 살려 자신이 작곡한 노래로 합창을 가르치기로 결심하고 이를 실행에 옮기죠. 우리의 맥락에서 말하면 음악의 고결함이니 예술성이니 하는 건 다 제쳐두고 더 나은 삶, 더 인간적인 삶, 즉 교육을 위해 음악을 사용하는 겁니다.

영화 말미에 마티유 선생이 해임되면서 더 이상 학교와 학생들이 어떻게 변했는지 알 수는 없지만, 중간중간 소개되는 마티유 선생의 일기를 통해 학생들이, 심지어는 교장까지 조금씩 변해가고 있음을 보여줍니다. 교육의 힘인지 음악의 힘인지는 알 수 없지만, 마티유 선생은 음악 자체를 고집하거나 음악 자체의 목적에 충실하기보다는 학생들의 더 나은 삶을 위해 음악을 사용한 것으로 보입니다. 다른 학생들의 미래는 어떻게 됐는지 알 수 없습니다만, 마티유 선생이 음악적 재능을 알아본 모항쥬라는 학생은 마티유 선생의 주선으로 이 보육원 학교를 나와 프랑스 최고라는 리옹즈 음악학교에 진학한 후 세계적인 작곡가가 됩니다. 이런 게 학생들의 삶의 문제를 푸는 데 교과를 사용한 게 아닐까 하는 생각을 영화를 보는 내내 했더랬습니다.

제 영화 해석에 동의하는 독자들도, 약간은 고개를 갸우뚱할 독자들도 있을 것 같습니다. 하지만 학교급을 막론하고 교육다운 교육을 고민하는 여러분이라면 '교과를 학생의 삶 또는 삶에서 마주치는 문제와 어떻게 관련지을 것인가?'라는 질문 자체를 부정하지는 않을 거라 믿고 싶습니다. 교과와 교과교육은 우리에게 정말 중요한 삶의 문제이기 때문입니다. 자, 그렇다면 함께 치열하게 고민해봐야 할 것은 우리는 내가 처한 상황과 조건에서 어떻게, 어떤 관점에서, 어떤 방향으로 마티유 선생처럼 내 교과에 대한 내 입장과 고집, 목적을 내려놓고 학생의 문제, 학생 자신의 교육 목적과 연결시킬 것인가, 그들의 삶을 위해 내 교과를 어떻게 다룰 것인가 하는 게 아닐까 싶습니다. 답은 모두 다르겠지만 저는 우리 각자가 찾은 그 답이 최선, 최고의 답일 거라 믿으렵니다.

이번 꼭지를 쓰다가 우연히 본 한 뉴스 영상 이야기로 글을 마무리하겠습니다. 한 고등학생이 지난 윤석열 정부의 국정 운영을 보면서 깨닫게 된 잠재적 교육과정을 다룬 영상이었는데요, 이 학생은 네 가지를 배웠다고 합니다. 서울대학교 법과대학이 최고 수준의 교육기관은 아니라는 것, 검사들의 민낯, 홍범도 장군 흉상 철거 논란이 쏘아 올린 공산주의에 대한 '제대로 된' 공부, 일제강

점기 독립운동사. 영상을 보면서 두 번째부터 마지막 네 번째까지는 학생들이 마주친 삶의 문제와 관련해, 즉 삶의 맥락으로 교과를 가져와 사용할 수 있을 것 같다는 생각을 했습니다. 문제라는 게 늘상 맞닥뜨리는 것은 아니지만 사실은 치열하게 문제를 찾고 그 문제를 풀기 위해 노력하는 것이 공부라는 점에서 교사들도 조금만 관심을 기울이면 탈일상화·탈맥락화한 교과를 다시 학생의 교과로 되돌릴 수 있지 않을까, 그렇게 다시 맥락화해 사용할 수 있지 않을까 조심스레 생각해봅니다.

11

교육 내용과 방법
: 통합

이번 꼭지에서 다룰 주제는 '통합'수업 또는 '통합'교육에 관한 것입니다. 장애학생과 비장애학생이 한 학급에서 공부하는 통합교육이 아니라 어떤 학습 주제를 중심으로 몇 개의 교과나 학습 내용을 묶어서 수업을 하는 그런 통합수업입니다. 시작하기 전에 제 아들과 나눴던 이야기를 잠시 들려드리려고 합니다.

제 아들은 '하츠 오브 아이언 4'라는 게임을 즐겨 하는데요, 제2차 세계대전이 배경인 전략 시뮬레이션 게임이고, 플레이어는 국가를 바꿔가며 전쟁을 수행할 수 있습니다. 역사적 사실과 전혀 다른 방향으로 전쟁의 양상을 만들고 결과를 낼 수도 있고요. 원래도 사회과학 과목을 좋아하지만 이 게임의 영향도 많이 받았는지 제 아들은 특히 동유럽 국가들에 관심이 많습니다.

어느 날 제가 물어보았습니다. 학교 수업 시간에 제2차 세계대전을 어떻게 다루는지 말입니다. 아들이 대답하더군요. 전쟁은 전쟁대로, 그 시기 유럽의 정치적 상황, 자연·인문지리적 여건, 지정학적 조건, 역사적 사건 등은 또 그것대로 다른 과목에서 따로 수업을 한다고요. 그러다 보니 제2차 세계대전의 전체적인 맥락과 흐름을 잡아 이해하는 게 쉽지 않다고 합니다. 그 모든 걸 하나로 엮어서 요즘 유행하는 스토리텔링 식으로 이야기해주면 더 이해하기 쉽고 재미있을 것 같다는 아쉬움도 함께 토로했고요.

제 아들 이야기야 통합수업의 수많은 필요성 가운데 하나일 뿐이지만, 아무튼 여러 가지 이유로 많은 학자들과 연구자들이 통합수업, 교과통합, 교육과정 통합의 필요성과 중요성을 이야기합니다. 줄잡아 다음과 같은 의견들이 있군요.

- 복잡한 사회구조에 따른 '통합적 안목'의 형성
- 창의적인 문제 해결 역량의 중요성과 필요성
- 교육과정 편성 및 운영에 대한 단위 학교의 자율권 확대
- 핵심역량 중심의 교육과정 재구성
- 창의성과 바른 인성을 갖춘 학습자 육성
- 학습한 교과 지식의 실생활 전이

여기에 더해 2022 개정 교육과정에서 최대 64시간까지 가능한 학교 자율 시간을 도입함에 따라 통합수업의 필요성은 더욱 커지리라 예상해봅니다. 학급 담임이 대부분의 교과를 다루는 초등학교와는 달리 중·고등학교에서는 교과목과 담당 교사가 엄격하게 분리된 구조 때문에 통합수업이 어렵다는 것은 익히 알고 있습니다. 그래도 2000년대 초반부터 주제 중심 수업이나 프로젝트 학

습, 교육과정 통합과 최근의 교사 교육과정까지 다양한 형태로 통합수업을 위한 노력이 꾸준히 이어지는 것을 보면 그만큼 많은 교사들이 통합수업의 중요성과 필요성을 알고 느끼고 있는 것은 아닌가 추론해볼 수 있겠습니다.

제가 읽은, 통합수업에 관해 언급된 다양한 문헌들 중 가장 오래된 것은 듀이의 『민주주의와 교육』인데요, 듀이는 이 책에서 교육의 원리로 통합수업을 제시합니다. 그의 사상이 통합수업의 발원지인지는 모르겠지만 적어도 왜 통합수업을 이야기하는지, 통합수업이 어떤 점에서 현대의 시대적·교육적 상황에 부합하는지 등 그 맥락을 이해하기 위해서는 듀이를 통과해야 한다는 점은 분명해 보입니다. 우선 듀이가 어떤 관점에서 통합수업을 이야기하는지 뒤살피고, 이어서 제가 보고 듣고 생각한 통합수업 이야기를 해보겠습니다.

통합수업이란 무엇일까?

듀이가 말하는 통합수업의 목적은 각 교과들에 대한 풍부한 이해와 활용, 그럼으로써 우리 삶을 전체적으로 풍성하게 만들자는 것입니다. 듀이는 통합수업을 '교육의 목적'이라고까지 이야기하는군요.

교육이 목적으로 삼아야 할 것은 (…) 자연과학과 역사학, 문학, 경제학, 정치학 등, 인간을 대상으로 하는 학문을 결합하여 서로서로를 풍부하게 할 수 있도록 하는 것이다.[49]

학교에서 공부해야 할 것들이 다양한 교과의 형태로 분리되어 있다는 것은 누구나 다 아는 사실입니다. 아마도 각 교과들이 담고 있는 내용이 어떤 이유에서든—가령 인류가 그동안 쌓아온 위대한 문화유산이기 때문에, 학생들의 지성과 심성 도야에 도움이 되기 때문에, 학생들의 창의력과 사고력, 문제 해결력 등을 기를 수 있게 해주기 때문에, 학생들이 삶에서 마주치는 다양한 문제들을 이해하고 해결하는 데 직접적으로 도움이 되기 때문에 등—나름의 가치가 있기에 그 고유의 가치를 전달하고 실현할 수 있는 교과목을 개발하고 설치해 학생들과 함께 공부하는 것이겠죠.

그런데 문제는 각 교과들의 내용을 학습하고 공부하는 데 치중할 뿐 오랫동안 공들여 개발하고 엄선한 각 교과들이 우리 삶의 어느 일면을 보여주는지, 그렇게 애써 알고 배우게 된 각각의 면들이 어떻게 관련되는지, 각 면들은 서로 결합되거나 횡단되어 어떤 새로운 것들을 생성하고 창조할 수 있는지, 그럼으로써 우리 삶은 어떻게, 얼마나 더 풍요로워지고 풍성해질 수 있는지 등에 대해서는 어느 누구도 말해주지 않는다는 겁니다. 말하자면 이런 식이지요. "이런 교과들이 중요해. 그래서 가르치는 거야. 그 교과들의 의미와 가치는 학생인 너희들이 알아서 잘 이해하고 관련지어."

그렇게 한다고 해서 학생들이 공부를 제대로 안 하거나 못하는 것은 아니겠지만 구슬이 서 말이라도 꿰어야 보배라고, 학습한 다양한 교과 지식들을 자신의 공부에 통합하지 못하거나 또는 그 나름대로 잘 꿰어서 공부의 흐름과 맥락을 만들지 못한다면, 즉 일이관지─以貫之 하지 못한다면 그건 제대로 된 공부가 아닐 겁니다. 제2차 세계대전과 관련한 제 아들의 이야기처럼 말입니다. 아마도 잡다한 지식의 일관성 없는 수집과 배열, 그 이상도 이하도 아니겠죠. 제대로 이해하지도, 내 것으로 만들지도 못했다는 얘기가 될 겁니다. 몽테뉴는 『수상록』에서 이런 상황을 음식물의 '소화'에 빗대어 말합니다.

> 배 속에 음식을 잔뜩 채워 보았자, 그것이 소화가 안 되고 우리 속에서 변화되지 않으면, 또 우리들을 더 키워 주고 힘을 주지 않으면, 무슨 소용이 있는가? (…) 남의 지식으로 학자가 되어도 적으나마 자신의 예지가

아니면 우리는 현명해지지 못한다.[50]

소화도 못 시키는데 음식물을 꾸역꾸역 먹여봐야 무슨 소용이냐는 거죠. 음식물을 소화시켜야 비로소 성장에 필요한 영양소를 얻을 수 있는 것처럼 공부도 소화를 시켜야 내 것으로 만들 수 있고, 그럼으로써 내 삶에 보탬이 되게 할 수 있다는 이야기입니다.

이 일은 음식을 먹은 사람, 공부를 한 학습자 자신이 해야 하는 일이 맞습니다. 음식을 만들어 떠먹여주는 일까지는 다른 사람이 할 수 있어도 소화를 시켜 영양소를 흡수하는 일은 먹은 사람 자신이 해야 하는 것처럼, 지식을 보여주고 가르칠 수는 있어도 그것을 성장의 양분이 되게끔 하는 것은 다른 사람이 할 수 없는 일이기 때문입니다. 문제는 먹은 것을 소화시키려면 시간이 필요하다는 겁니다. 마찬가지로 공부한 것을 음미하려면 시간이 필요한 법이죠. 그동안 배운 것과 앞으로 배울 것과의 관련 속에서 배움의 내용을 파악해야 비로소 그 의미를 비교적 온전히 이해할 수 있습니다. 그런 '시숙(時熟, 시간 속에서 익어감)'의 과정을 통해서만 학생은 각 교과가 제공하는 지식을 이해하고 자신의 것으로 만들 수 있을 겁니다. 하지만 어디 학교가 그런가요? 안 그래도 시간을 분초 단위로 정밀하게 나눈 시간표에 따라 움직이면서 '적당히 시간 때우기'와 '무관심'을 배우게 하는 환경인데 말입니다.

이런 학습 환경과 구조에서 '만약'을 말하는 것은 어불성설입니다만, 설사 시숙의 환경과 경험을 제공한다 하더라도 그 구심점이 무엇이 되어야 하는가, 무엇을 중심으로 교과에서 공부한 것을 서로 통합하고 가로질러야 하는가 하는 것도 문제입니다. 그와 관련해 듀이는 「나의 교육신조」에서 이렇게 이야기합니다.

학교 교과들을 서로 관련짓는 진정한 구심점은 과학도 아니요, 문학도, 지리도 아니며, 오직 아동 자신의 사회적 활동이다.[51]

'사회적 활동', 즉 지금-여기의 관심, 달리 말하면 학생들의 삶의 문제를 중심으로 교과를 엮어야 한다는 얘기 같습니다. '사회적 활동'이라고 표현하고는 있지만 이제까지의 이야기에 따라 이를 학생 자신이 찾고 삼고 풀어야 할 '삶의 문제'라고 바꿔 써도 크게 틀리지는 않을 것 같습니다.

어쩔 수 없이 교과가 구분되어 제공되더라도 학생들의 사회적 활동, 사회적 성장, 학생들의 '삶의 문제'를 중심으로 학습 내용과 주제를 조직해야 하고, 이를 구심점으로 교과 주제와 내용을 다루는 것이 통합수업이라고 할 수 있겠습니다. 당연히 교과는 여기에 봉사해야 하고, 이를 위해 학습자와 만나야 합니다. 그 자체로, 독립적으로 따로 움직일 것이 아니라. 그리고 학생의 삶의 문제와 관계를 맺는 그 과정에서 교과의 의미와 가치는 새롭게 생성되고 창조될 거고, 그 학생의 고유하고 독특한 결과와 이해들이 생성되고 산출될 겁니다. 현대 사상가들이 자신의 '사회적 활동', 즉 삶의 문제를 중심으로 자신의 영역 '반대편'에 있는 학문들을 섭렵하고 독해하면서—가령 물리학자는 철학을, 인류학자는 생물학을 공부하고 관련지으면서—횡단적 사유의 결과들을 창출해내는 것처럼 말입니다.

지금까지의 이야기를 정리하면 **다양한 관점으로 학습 주제를 살펴 그 주제를 총체적으로 이해하고, 그렇게 학습한 내용을 자기 것으로 만들고, 이를 통해 자신만의 독특하고 특이한 이해 또는 결과 창출을 도모하는 것이 곧 통합수업이고, 또한 이것이 통합수업이 지향해야 할 바**라고 할 수 있겠습니다. 그럼으로써 교과목의 이름으로 배운 것들을 우리의 삶 속으로 가져올 수 있을 것이며, 교과목이 보여주는 바를 서로 엮고 가로지르면서 삶을 다양한 관점에서 더욱 풍부하게 바라보고 풍성하게 만들 수 있을 것입니다.

그렇다면 통합수업의 주요 방법적 원리는 무엇일까요? 듀이의 답은 이렇습니다. 표현 활동과 구성 활동. 언뜻 단순하게 생각하는 것처럼 뭔가를 만들고 그리는 그런 '조작 활동'만을 가리키는 건 아닌 것 같습니다. 그보다는 어떤 학습 주제와 관련해 교과들과의 관계 맺기를 통해 자신의 생각을 표현하고, 자신의 학습 결과를 생성·구성하며, 자신으로서 자신답게 행동함으로써 자신만의 공부 이야기를 만들어가는 것이 아닐까 생각합니다. 그것이 아마도 몽테뉴가 말한 '소화'의 과정과 결과가 아닐까 싶습니다.

제가 아는 한 고등학교 체육교사는 이 표현 활동과 구성 활동을 기본 원리로 해 인라인스케이트를 주제로 통합수업을 했는데요, 체육이라고 하면 운동 기능을 습득하는 교과, 뭔가 생각하고 읽고 쓰고 하는 것과는 거리가 먼 교과로 인식되고 있죠. 그런 점에서 그가 어떤 방식으로 통합수업을 했는지 무척 궁금해집니다.

그가 관심을 가졌던 점은 학교 체육수업이 이론, 기능, 태도 등을 분절해 다룸으로써 학생들로 하여금 우리가 삶에서 접하는 다양한 체육활동의 전체적인 모습을 볼 수 없게끔 또는 체험할 수 없게끔 하고 있다는 점입니다. 특히 그는 체육활동에 담긴 다양한 가치들과 인문적 측면이 소홀히 다뤄지고 있다는 점에 주목했죠. 이처럼 분절화된 수업 방식 그리고 기능 습득에 가려져 은폐된 체육활동의 다양한 측면을 최대한 주목하고 드러내고 이 점에 천착함으로써 교사로서는 좀 더 온전한 형태의 체육수업을 만들고, 학생의 입장에서는 체육활동의 다양한 측면을 체험할 수 있도록 하는 것이 그의 통합수업의 의도입니다.

이를 위해 그는 (나중에 구체적으로 정의, 도입될 용어를 미리 가져와 얘기하자면) '직접체험활동'과 '간접체험활동'[52] 등 두 가지 활동을 마련했습니다. 직접체험활동은 인라인스케이트 운동 수행 능력을 향상시키기 위해, 간접체험활동은 체육과 교육에 대한 이해를 높이고 안목을 기르며 '운동정신'과 '문화로서의 스포츠'에 대해 생각해보고 알아보자는 뜻에서 그가 고심해서 만들고 구성한 과제였습니다. 직접체험활동에서는 기능 연습, 대회 참가 및 인라인스케이트 하키 등 스케이팅 기능 향상을 위한 다양한 게임, 성찰 일지 작성 등을, 간접체험활동에서는 교육과 체육 그리고 인라인스케이트에 대해 생각해볼 수 있는 영화 감상, 관련 자료 읽기, 또 인라인스케이트 대회 및 선수단 훈련 모습 관전 등을 준비했습니다.

수업 자체는 대체로 직접체험활동과 관련해 진행되었습니다. 그러나 반드시 그런 것만은 아닌 게, 교육이나 체육교육, 스포츠와 관련된 사회적 이슈들이 있을 때는 수업 도입부에 관련 자료를 읽고 토론한 뒤 직접체험활동을 하기도 했고, 드물기는 하지만 때때로 학생들이 작성한 대회 참관기나 영화 감상문을 함께 읽으며 교육과 체육수업 그리고 인라인스케이트에 관해 서로의 느낌을 나누는 활동을 하기도 했습니다. 분명 '체육수업'인데 말이죠. 필요할 때는 시간을 조정해 시간표상 여기저기 흩어져 있는 체육시간 두 시간 또는 세 시간을 묶어 학교 밖으로 나가 수업을 하기도 했습니다. 이런 방식의 과제 및 수업활동을 통해 그는 학생들이 인라인스케이트를 좀 더 다양한 측면에서 이해하고 그 과정에서 배운 것을 표현하고 친구들과 나눌 수 있도록 했죠. 학생들은 이 수업에 대해 이렇게 얘기하더군요.

"눈으로 보고 몸으로 느끼는, 자극을 받고, 체육에 대한 마인드가 변하며 자신의 관점을 정립하는 수업이었다."

이 사례를 곰곰이 살펴보면 통합수업의 필수(필요)조건이 반드시 다른 교과, 다른 교사와의 협력수업은 아닌 것 같습니다. 그러한 조건까지 갖추면 더할 나위 없겠지만 우선은 학습한 것을 자신의 관점에서 자신의 배움으로 구성하고, 이를 다른 교과들이 채택하는 방법론을 차용해 다양한 방식으로 표현하는 수업을 구상하고 실천하는 것만으로도 충분히 통합수업이 가능한 것으로 보입니다. 그도 그럴 것이 우리가 관심 있어 하는 학습 주제를 구심점으로 해 그와 관련된 다양한 수업 주제, 내용들을 다루고 이를 통해 학습 주제의 다양한 측면들을 탐색하고 관련지어 그 주제를 총체적으로 이해하고자 하는 것, 그 과정에서 자신의 학습을 구성하고 배운 바를 표현하게 하는 것이 통합수업의 본래 목적이기 때문입니다.

아울러 독일 공립학교 개혁의 모델이라는 '헬레네 랑에 학교'의 수업도 살펴보겠습니다. 이 학교는 "학생이 사물을 분석하고 자기 것으로 소화할 수 있어야 한다"[53]라는 것이 학교가, 학생이, 교사가 '하려는 일'임을 분명히 하고 이를 실현할 수 있는 '새로운 학습 방법', 즉 '특별한 수업'을 고안했다는데요, 그게 바로 '만들고 행동하고 표현하기'입니다.

이 학교 학생들은 가령 "여러 과목을 포괄하는 프로젝트의 일환으로" "기술적이고 미학적인 물건과 작품을" 만듦으로써 학생 스스로 발전시킨 "계획에 따라서 도구와 보조수단을 올바르게 사용하는 법을"54 익힙니다. 또 양로원 및 피난민 어린이 그룹에 대한 봉사, 주변 환경에 대한 관찰, 교통 문제 조사, 직업이나 지역의 역사 연구 등 "탐구나 의사소통, 사회봉사" 등의 행동을 하면서 "'무엇을 찾아내는' 좋은 방법을 알아가고, 자신의 추측이 실제 맞는지 검사하는 방법이 무엇인지를 분명히"55 깨달아갑니다. 그리고 지 자체에 정치적·정책적 제안을 하거나 "숲 살리기를 위한 거리 홍보" 등을 하면서 "학교 밖에서 수집한 정보 또는 교과서나 다른 출처에서 얻고 토론한 정보를 텍스트, 그림, 보고서, 슬라이드로 표현"56함으로써 자신의 이야기를 전달하고, 다른 사람이 내게 전하고 싶어 하는 생각을 이해하는 의사소통 능력을 기릅니다. 이런 표현하기를 통해 학교를 서로 소통이 가능한 '공동의 생활 공간'으로 만듭니다. 이는 대체로 한 번에 4시간 이상 연속되는 프로젝트 형태의 '열린 학습'으로 진행된다는군요. 이렇게 학생들의 '사회적 활동', '삶의 문제'를 중심으로 만들고 행동하고 표현하게 함으로써 공부한 것을 '자기 것으로 소화'시킬 수 있게 합니다. 이렇게 프로젝트 형태의 '열린 학습'을 통해 다양한 교과를 연결하고 가로지르는 통합수업을 합니다.

헬레네 랑에 학교의 '만들고 행동하고 표현하기'를 중심으로 한 '특별한 수업'은 통합수업의 주요 원리인 표현 활동과 구성 활동, 즉 '소화를 통해 자신의 것으로 만들기, 이를 통한 자신의 고유하고 독특한 이해 또는 결과를 생성하기'의 또 다른 예가 될 수 있을 것 같은데요, 하나의 주제를 다른 교과들과의 관련 속에서 탐구하고 다양한 방식으로 표현해본다는 점에서 앞서 소개한 고등학교 체육교사의 인라인스케이트 통합수업과는 결이 조금 다른 것 같죠?

통합수업이 반드시 특정한 하나의 방향이나 방식으로 이루어질 필요는 없을 것 같다는 얘기입니다. 과목에 따라, 주어진 여건에 따라, 학습 주제에 따라 다양한 방식의 통합수업이 가능하지 않을까, 또 필요하지 않을까 싶습니다. 다양한 활동의 연결이든, 아니면 여러 교과들의 관계짓기든 간에 학습 주제를 여러 관점에서 살펴보고 이를 통해 자신의 독특한 배움을 구성하며 그것을 자신의 방식으로 표현할 기회를 가질 수만 있다면 그 어떤 형태가 됐든 통합수업이라 이야기할 수 있겠죠. 그런 점에서 경험들을 통합하고 횡단하면서 그로부터 다양한 의미를 찾고 읽을 수 있도록 학습 과정을 조직하고 운영하는 것, 그와 같은 통합수업의 기회를 제공하는 것은 응당 학교의 몫이라고 할 수 있을 것입니다.

한 가지 덧붙이고 싶은 것은 통합수업에 이와 같은 이점이 있다고 해서 어쩔 수 없이 교과를 분리해서 다룰 수밖에 없는 현실을 부정하는 것은 아니라는 겁니다. 각 교과 전공자들이 잘 알아서 하는 얘기겠지만, 어쨌든 그 사람들이 주장하듯 교과에는 나름의 가치가 있기 때문이고, 특히 3Rs와 같이 삶 또는 학문의 '기초'라고 할 수 있는 게 있기 때문입니다.

그러나 교과의 가치는 그 자체로 항상-이미 고정적이고 독립적으로, 우리의 경험과는 상관없이 '아 프리오리a priori'하게 정해져 있는 것은 아닌 것 같습니다. 내게 중요한 교과가 다른 친구에게는 아주 끔찍한 교과가 될 수 있고, 그 반대의 상황이 있을 수도 있듯이 말입니다. 말하자면 어떤 교과의 의미와 가치는 그 교과와 만나는 학생이 그 교과를 어떻게 보고 대하는지, 즉 '관찰'하는지에 의해 비로소 정해지는 것이며 이는 학생의 삶, 관심과 밀접하게 관련될 수밖에 없습니다. 교과의 의미와 가치는 학생이 개입하는 순간 정해진다는 얘기죠. 그처럼 학습자마다 교과의 의미와 가치를 다르게 느끼고 읽을 수 있는 것이며, 가치를 풍부하게 느끼고 교과가 함축하고 있는 의미를 곱다랗게 읽어내기 위해서는 다양한 관점과 시점에서 교과, 교과 주제, 학습 주제를 바라볼 수 있게 해야 한다는 것은 꼭 이야기하고 싶습니다.

왜 다시
통합을 이야기하는가?

　이미 많은 사람이 각자 고유하고 특이한 방식으로 다양하게 통합수업을 실천하는 것으로 알고 있습니다. 혁신학교를 경험한 교사들이 그런 쪽으로 많은 아이디어가 있고, 실제로 교육과정 운영에 큰 도움을 주고 있다는 것도 여러 곳에서 여러 번 들었습니다. 이미 의식 있고 관심 있는 많은 교사들이 묵묵히 잘 실천해오고 있는 상황에서 왜 다시 통합수업 이야기를 꺼내 말을 만드는가 궁금하실 것 같은데요, 그 얘기로 이번 꼭지를 마무리할까 합니다.

　많은 사람들이 현대사회가 처한 상황에 큰 위기를 느끼는 것 같습니다. 작게는 개인의 신변 위기부터 크게는 전지구적인 기후·생태·정치·경제 등의 문제까지. 그래서 법과 제도의 보완과 개혁, 단체 행동 등의 방식으로 위기를 타파하고 맞닥뜨린 문제를 해결하려고 다양한 수준과 차원의 주체들이 노력하는 걸 겁니다. 저도 나름의 방식으로 제 문제를 찾고 문제를 삼고 문제를 풀고자 노력합니다만, 저 같은 사람은 쉽게 나서지 못하는 용기 있는 행동이죠. 그 주체들에게 늘 고마워하고 있습니다. 그렇다면 각각의 수준의 주체들이 추구하는 것은 무엇일까요? 모르긴 몰라도 결국은 지금보다 더 나은 삶, 그것이 아닐까 생각합니다. 여기서 흥미로운 것은 추구의 방식, 행위의 방식은 다를지 몰라도 더 나은 삶을 지향하는 것은 교육도 마찬가지라는 점입니다.

그런데 문제는 '더 나은 삶'이 무엇인가 하는 것입니다. 더 나은 삶을 추구하는 분야가 제각각일 수도 있습니다. 마치 교과가 분리되어 있듯이 말입니다. 누군가에게는 생태, 누군가에게는 기후, 누군가에게는 경제 상황, 또 누군가에게는 요즘 유행하는 공정과 상식과 평등의 실현 등과 같이요. 물론 그 모든 것이 중요하겠지만 어디에 비중을 두고 방점을 찍느냐에 따라 서로 다른 관심과 방식으로 각자가 원하는 더 나은 삶을 추구할 것입니다. 하지만 한 가지 분명한 것은 우리 삶이 그렇게 형식적으로 구분되어 있을지는 몰라도 실은 그 경계가 분명하지 않은 채 겹쳐지고 중첩되어 있다는 점입니다. 생태와 기후를 말하기 위해서는 정치와 경제 상황을 몰라서는 부족하고, 정치를 말하기 위해서는 사회적 상황을 배제해서는 안 되는 것처럼 말입니다. 그래서 세르티양주는 그의 공부론을 담은 책 『공부하는 삶』에서 공부를 잘하기 위해서는 사회에서 한 발 물러서 있되, 그러나 항상 사회를 향해 있어야 한다고 얘기합니다.

또 하나, 더 나은 삶을 위해서는 우리 삶을 구성하는 요소들이 어디에 어떤 방식으로 있는지 알 필요가 있다는 것입니다. 학생들은 제 삶을 구성하는 아주 중요한 요소 중 하나인데, 그들이 우리 사회에서 어떤 취급을 받고 또 어떻게 생활하는가에 대한 이해가 예가 될 수 있겠죠. 그러한 앎은 더 나은 존재 방식에 대한 고민을 가져다줄 것이며, 앎과 존재 방식에 대한 그와 같은 고민은 우리가 어떻게 타자를 대하고 그들의 소통 요청에 응답하는가, 즉 책임을 질 것인가를 가르쳐줄 겁니다. 한마디로 존재론과 인식론, 윤리는 각각 구분된 것이 아니라 하나의 통합된, 그 역시 중첩된 무엇이라는 것이죠. 어쩌면 그래서 현대 사상가들이 과학, 인문학 할 것 없이 자신의 전공 영역에 대한 앎을 바탕으로 타 학문을 학습함으로써 더 나은 존재 방식을 고민하고, 다시 이 고민을 중심으로 타자와 어떻게 부대끼며 살 것인가를 고심하는 윤리적 실천과 삶으로 자신의 관심을 계속해서 넓혀가고 이어가는 것은 아닐까 싶습니다. 그런 상황에서 교육은 교육대로 이와 같은 고민과 관심의 결과들을 우리 자신과 학생들의 성장을 일구는 데 어떻게 활용할 것인지 곰곰이 생각해봐야겠죠. 그럼으로써 더 나은 세계, 더 나은 삶 만들기에 동참해야 할 것입니다.

이는 결국 듀이가 제기한 문제, 고민으로 되돌아가는 것 같습니다. 교육의 방편인 교육과정과 교과가 다양한 학자들과의 선순환적 대화 속에서 설정되고 개발되기 때문입니다. 다음과 같이 말입니다.

어떻게 하면 삶의 여러 관심과 그것을 시행하는 교과가 사람들을 서로 분열시키지 않고 인간의 공통된 경험을 풍부하게 할 수 있는가?[57]

통합수업은 이처럼 더 나은 삶을 향해 나아갈 수 있도록 교육만이 행하고 실천할 수 있는 고유한 방법이 아닐까 생각해봅니다.

12
학습자 중심 교육

이번에 이야기할 주제는 '학습자 중심 교육learner centered education' 입니다. 아마도 학교급이나 과목을 막론하고 열심히 고민하고 실천하고 있을 텐데요, 그런 만큼 차분히 함께 생각해보면 좋겠습니다.

어느 날 후배 교사와 이야기를 나누던 도중 '수업'으로 주제가 옮겨 갔습니다. 그가 속한 5학년의 어떤 반에서 실시한 동료장학 공개수업을 참관하고 든 느낌을 말해주더군요. 수업의 주제는 문장의 호응 관계를 익히는 것이고 주된 학습-교수 활동으로는 퀴즈를 사용했는데, 퀴즈를 풀고 정답을 확인하는 과정에서 학생들이 정신없이 활동하고 웃고 재미있어는 했지만 그게 전부였다고요. 그게 왜 정답이고 다른 것은 오답인지 알아보고, 퀴즈의 수를 줄여 재미 요소를 조금 감소시키더라도 학생들이 왜 그 답을 선택했는지, 정답을 찾는 사고 과정에서 어떤 오류가 있었는지 등에 대해서 묻고 답하고 함께 생각해보는 시간을 가지는 것도 필요하지 않았겠느냐 하는 것이 그가 한 말의 요지였습니다. 한마디로 바쁘기만 한, 뭔가 곰곰이 따져보고 생각해볼 시간도 여유도 없는, 「교육 내용과 방법」 꼭지에서도 이야기한 '시숙'의 시간이 없는 그런 수업이었다는 이야기입니다.

어쩌면 그 수업을 한 담임교사는 '학생들이 쉴 새 없이 활동하는 수업이 좋은 수업이다'라는 생각에 경도되어 있을지도 모르겠다는 생각을 잠시 했습니다. 생각을 하게 하거나 이야기를 나눠보자고 하면 잠시나마 침묵하는 시간이 생길 테고, 그런 상황이 연출되는 것은 참관자들에게 좋은 인상을 주지 못할 거라는 관념을 갖고 있었을지도 모르죠. 어쩌면 대학에서 그렇게 배웠을 수도 있고요. 이혁규[58]가 잘 지적하다시피 '좋은 수업', '우수한 수업'을 규정하는 준거틀에는 학생들의 활발한 수업 참여를 유도하는 교사의 테크닉이 포함되어 있기 때문이고, 따라서 그 담임교사는 임용고사를 준비하는 과정에서 알게 모르게 그런 규칙을 내면화했을 수도 있습니다. 또 제7차 교육과정 이후로 교사가 수업 목표를 제시하고 수업의 전체 과정을 이끌어가는 '교사 중심 수업'을 경계하고, 대신 학생 스스로 학습 목표를 찾고 적극적이고 능동적으로 수업에 참여하는 '학습자 중심 수업'이 강조되고 있는데, 그 시대적 흐름을 따르는 수업을 만들기 위해 이런 수업을 구상하고 보여주었을 수도 있겠죠.

당연히 수업과 교육은 다른 행위입니다. 하지만 학교에서는 교육의 방편으로 수업을 하고 있으니 '학습자 중심 교육'을 이야기하기 위해 '학습자 중심 수업'을 사례로 들어 이야기를 시작한 것에 대해서는 양해 부탁드리겠습니다.

아무튼 바로 얼마 전까지만 해도 교사 중심 수업/교육이 교육의 주된 양상이었다는 것을 부정할 사람은 없을 것 같습니다. 교사가 교과서를 해설하면서 판서를 하면 학생들은 교사의 설명을 들으면서 필기를 하고 문제를 푸는 것이 일상적인 수업의 모습이었고, 교사의 통제에 잘 따르는 학생이 모범생의 이미지였으니까요. 그런 과정에서 학생의 학습 경험보다는 교사의 교과 지식과 수업 기술에 주목하고 이를 강조하는 수업이 발달하게 되었고, 이는 학생의 학습보다 교사의 가르침을 더욱 중시하고 우위에 두는 '교수 중심주의'[59]를 낳았습니다. 문제는 학습자 중심 수업/교육이 강조되는 또는 그것으로의 전환을 추구하는 2020년대에도 교사 중심 수업/교육의 흔적이 우수한 수업을 가리는 수업 연구 대회에, 공개 수업을 위한 수업 지도안에, 그리고 학생 평가 제도에 여전히 남아 있다는 점입니다. 그렇게 보니 학습자 중심 교육으로의 실질적 전환은 정말 요원한 일이 될 수도 있겠다는 생각이 문득 듭니다.

그런데 한편 그런 의문도 입니다. 대체 학습자 중심 교육이라는 게 무엇이기에 교사는 중심에서 밀어내고 그 자리에 학습자를 두라는 걸까. 학습자를 중심에 둔다는 게 무슨 뜻일까.

보통 학습자 중심 교육이라고 하면 이런 이미지를 떠올리는 것 같습니다. 앞에서 이야기한 5학년 담임교사처럼 거의 모든 수업 시간을 교사의 개입 없이 학생들의 활동으로 채우는 수업, 자기주도 학습에서처럼 학습자가 자신의 공부를 주도하고 이끌어가게 하는 수업, 교육심리학의 요구처럼 학습자의 흥미, 요구, 소질, 적성 등을 고려해 수업 내용을 조정하거나 학생들이 흥미 있어 할 만한 활동을 선정해서 학생들에게 재미를 주는 수업, 또래 교수 등을 사용해 학생들 스스로 서로 가르치고 배우는 시간을 마련해주거나 그럼으로써 동화와 조절을 통해 스스로 앎을 구성하게 하는 수업 같은 것들. 그런 것 같기도 하고 꼭 집어 말할 수는 없지만 왠지 뭔가 좀 더 있을 것 같기도 하고 참 애매모호한 말이군요. 그러니 학습자 중심 교육이 과연 무엇인지, 왜 필요한지 좀 더 꼼꼼히 따져보는 게 좋을 것 같습니다.

한국의
교육 문화

한 사회의 문화라고 하는 것은 무수히 많은 관계들과 물질적·비물질적 요소들, 가시적·비가시적 행위 방식들과 의미들이 한데 얽힌 대단히 복잡한 체계여서 '그 사회의 문화는 이것이다' 하고 간결하게 진술할 수가 없습니다. 누군가 "한국의 문화는 무엇이냐?"

라고 물어보면 그 밑도 끝도 없는 질문에 어디서부터 어떻게 대답해야 할지 난감해지는 건 이런 이유 때문이죠. 인류학자들이 몇십~백수십 명의 소규모 부족사회의 삶의 방식을 연구하는 데에도 짧게는 몇 개월에서 길게는 수년씩 관계를 맺고 조사하는 이유 중 하나도 바로 그래서입니다.

우리 사회의 교육 문화도 마찬가지입니다. 워낙 다양한 사람들이 다채로운 실천을 하고 다원적인 사고방식과 행위 방식을 가지고 있어서 한마디로 요약하기가 어렵습니다. 학교 문화, 학생 문화, 교사 문화, 학습 문화, 교과서 문화 등 따져봐야 할 주제와 분야들도 많고요. 그럼에도 한국의 교육 문화에 관해 이야기할 수 있는 수많은 것들 중 하나를 꼽으라면 교육을 가르치는 일, 즉 교수와 같은 것으로 보는 문화를 들 수 있을 겁니다.

이런 문화는 일상언어에서 흔히 발견할 수 있습니다. 가르치는 일을 전문으로 하는 교사를 '교육자'라고 부르는 일에 반대할 사람은 없을 겁니다. 그래서 대대로 교사를 배출한 집안을 '교육자 집안'이라고 하죠. 예전에는 스승의 날에 관내 학교 교사들끼리 학교 대항 체육대회를 치렀는데, 이 대회 이름이 '교육자대회'였습니다. 드라마나 영화 같은 매체에서도 교육과 가르치는 일을 동일시하는 모습을 쉽게 보고 들을 수 있습니다. 일을 잘못한 사람을 따끔하게 야단치는 행위를 두고 "저 친구 교육 좀 시켜"라거나 "제가 따로 교육하겠습니다"라고 얘기하죠.

아마도 이런 관계가 확장된 현상일 것 같은데, 우리말에는 '가르친다', '교사가 된다'는 말을 나타내는 관용구가 따로 있습니다. '교단에 선다'거나 '교편을 잡는다'는 말이 그것이죠. 교사를 그만두거나 더 이상 가르치는 일을 업으로 삼지 않게 되었을 때에는 '교단을 떠나다', '교편을 놓다' 등의 표현을 쓰기도 합니다. 교육이 곧 가르침이라는 한국 사람들의 사고방식을 나타내는 표현들이 아닐까 생각합니다. 그에 반해 학습이나 학습자와 관련된 표현은 살면서 별로 들어보지 못했고, 그래서 공들여 조사를 해도 딱히 찾을 수 없었는데요, 이런 현상이 의미하는 바는 무엇일까요?

제가 생각해본 것은 교사(가르치는 사람)를 학생(학습자)에 비해 우대하는 사고를 은연중에 가지고 있는 게 아닐까 하는 점입니다. 요즘에야 아동 학대다, 학부모 민원이다 해서 상황이 역전되어 있는 것 같지만 아무튼 '군사부일체'로 표현되는 그런 사고방식 때문에 오랫동안 교육계에서 교수중심주의의 폐단이 죽 이어져왔던 것은 아닌가 생각합니다.

어쩌다 가르침 또는 교수와 교육을 같은 것으로 보는 문화가 형성되었는지는 모르겠지만, 교수가 교육을 구성하는 중요한 요소가 될 수는 있어도 교수는 교육과 같지 않을 뿐더러 교수가 언제나 학습보다 더 중심적인 것, 더 우위에 있는 것, 더 중요한 것은 아닙니다. 그건 어디까지나 우리 교육 문화에 따른 편견, 고정관념이죠. 왜냐고요?

교육은 학습과 교수의 상호작용을 통해 이루어지는, 교수를 포함한 좀 더 큰 행위이기 때문입니다. 또한 학습은 미숙한 상태로 태어나 성숙함을 갖춰가는, 자연과 환경에 적응해가는 과정에서 생존 가능성을 높이기 위해, 또 자신이 속한 사회의 삶의 방식을 배우기 위해 필연적으로 선택한 자연적이고 본래적인 행위, 따라서 교수에 앞선 행위이기 때문입니다. 끝으로 교수는 그와 같은 학습을 안내하고 돌보는 과정에서 생긴, '문화적으로 발명된 행위'이기 때문입니다.[60] 그러니 교육을 가르침 또는 교수와 같은 것이라고 볼 근거는 어디에도 없죠. 교수가 중요하지 않다는 말이 아니라 교육을 바라보는 우리의 눈을 다시 한번 점검하자는 얘기입니다. 교수만이 중요한 게 아니라 학습도 그만큼, 어쩌면 그보다 더 중요하다는 말입니다. 교육이 학습과 교수의 상호작용적 행위임을 생각할 때 교사만이 교육자가 아니라 학생들도 학습이라는 방식으로 교육에 참여하는 또 다른 교육자란 뜻입니다.

교육, 학습과 교수의 이와 같은 발생적 연원을 생각해볼 때 학습을 강조하는 교육, 학습자를 중심에 두려는 교육으로의 전환은 참으로 환영할 일입니다. 문제는 앞서 짚어본 학습자 중심 교육의 통념적 이미지가 너무도 강렬한 나머지 학습자를 중심에 두는 교육이 과연 무엇일까 더 따져보지 않은 채 그와 같은 형태를 기계적으로 반복하고 재생하려 한다는 점이 아닐까 생각하는데요, 그런 점에서 학습자 중심 교육이 가진 또 다른 측면들을 좀 더 다양한 관점에서 살펴볼 필요가 있을 것 같습니다.

학습자 중심 교육에 대하여

학습자 중심 교육과 비슷한 말로 듀이가 사용한 용어인 '아동 중심 교육'을 꼽을 수 있을 것 같습니다. '교육=가르침'이라고 생각하는 우리 교육 문화의 맥락에서, 또 어쨌든 아동은 미성숙한 상태에서 성숙한 상태가 되기 위해 여러 가지 것을 배워야 할 학습자임이 분명하니까 말입니다.

하지만 곰곰이 따져보면 학습자 중심 교육의 '원조' 격이라 할 수 있는 듀이의 말은 그에 대한 한국 사회의 이해와는 조금 다릅니다. 우리 사회는 교사의 교수에 대한 지나친 관심과 교수 중심의 강의식·설명식 수업에서 학생의 학습으로, 학습자 위주의 활동 방법을 제공하는 쪽으로 눈을 돌리자는 것으로 학습자 중심 교육을 이해하고 있습니다. 반면 듀이는 기존 교육이 중점으로 삼은 3Rs 라든가 전통적인 지식 교과 중심의 교육 내용과 방법이 학생들의 삶과는 동떨어져 있으니 학생들이 살아가는 지금-여기의 사회적 현실에 주목해야 한다는 말로 아동 중심 교육을 얘기하고 있고요. 좀 다르죠? 굳이 하나를 골라야 한다면 여러분은 어느 쪽일까요? 아마도 선뜻 답하기 어려울 겁니다. 그만큼 학습자 중심 교육이라는, 누가 봐도 멋진 말에 대한 관심의 크기와는 정반대로 우리의 숙고가 부족했다는 뜻이 아닐까 생각합니다. 또는 (그럴 리는 없겠지만) 제7차 교육과정을 만든 사람들이 학습자 중심 교육에 대한 진지한 고민 없이 덥석 이 말을 도입했거나요.

학습자 중심 교육이라는 개념에 대한 담론을 생산하면서도 그게 무엇인지 깊게 따져보지는 않고 그저 통념적·상식적 이미지에 기댄 채 이야기를 만들어내는 많은 연구자들과 달리, 그 의미를 진지하게 숙고해본 사람으로는 이혁규가 있습니다. 그는 우선 교육심리학, 특히 행동주의, 인지주의 그리고 사회구성주의 입장에서 학습자 중심 교육이 무엇인가를 꼼꼼하게 따져봅니다. 그에 따르면 행동주의 입장에서는 "행함을 통해 배움, 개별 학생의 반응에 민감한 피드백 제공, 피드백과 보상 체계를 통한 학습자의 수행 지원"[61]이, 또 인지주의 관점에서는 "학생들을 능동적인 학습자로서 파악하고 이들이 적극적으로 다양한 정보에 의미 있게 접근하여 과제를 수행하고 자신의 학습과 사고를 반성적으로 성찰하여 새로운 이해에 도달할 수 있도록 하는 학습 환경"[62]을 만들어주는 것이, 사회구성주의 시점으로는 "학습자들이 의미 있는 실천공동체에 참여하여 사회적 맥락 속에서 배우며 참여와 성찰을 통해서 행위 중에 지식을 집단적으로 재구성해 가는 경험을 실질적으로 제공해 주는"[63] 것이 학습자 중심 교육입니다.

그러나 이혁규는 이와 같은 논의가 단지 학습 내용을 세련되게 전달하는 '방법'에만 주목하고 있는 것 같다면서 더 많은 것을 묻습니다. "우리는 어떤 세계로 학습자를 안내하려고 하는가? 그것은 학습자인 미래 세대들에게 진정으로 바람직한 세계인가? 아니면 지식의 폭력에 맹목적으로 이끌려 모두를 파괴할지도 모르는 그런 '소위' 객관적인 지식 더미들인가?"[64] 하고요. 결국 그가 도달한 곳은 학습자 중심 교육의 윤리적 측면, 즉 "우리의 세계 구성 방식"에 대한 근본적 성찰[65]입니다. 방법을 찾는 일에 더해 여기까지 해야 비로소 그 의미가 곱다랗게 실현된 학습자 중심 교육이 될 수 있다는 얘기죠.

이혁규의 이야기에 귀를 기울이면서 좀 더 숙고해봐야 할 문제 몇 가지를 더 제기해볼까 합니다.

우선 첫째는 학습자 중심 교육에 대한 이제까지의 논의가 여전히 학습자/교수자의 이분법을 당연한 듯 전제하고 있다는 것입니다. 그러다 보니 학습자 중심 교육에 대한 한국 사회에서의 담론이 한결같이 교사의 입장에서 학생들에게 활동할 기회, 학습자 특성에 맞는 활동, 자기 것으로 만들 기회 등을 만들고 제공해 '주는' 형태로만 형성되고 있습니다. 하지만 교육은 학습과 교수의 상호작용을 통해 일어나는 행위입니다. 달리 말해 교사만이 뭔가를 하는 게 아니라 학습자 쪽에서도 무엇을 하든 또는 무엇인가 일어나든 해야 한다는 말입니다. 한국의 독특한 교육 문화 속에서 어머니 뱃속에서부터 '교육=교수/가르침'이라는 가르침을 받아서일까요? 지금까지의 담론은 학습자의 학습을 주목하지 못하는 것 같습니다.

한 가지 더 얘기할 것은 이와 같은 학습자/교수자의 이분법 또는 이원론은 학생과 교사의 역할, 해야 할 일을 무 자르듯 너무나 분명하게 나누고 있다는 점입니다. 교수자는 가르치는 사람, 학습자는 배우는 사람으로요. 그러나 교사도 배워야 학생을 가르치고, 학생들은 서로 가르치면서 배우기도 합니다. 사회가, 제도가 부여하고 명명한 이름과 그에 따른 역할이 전부는 아닙니다. 이름이야 그렇다 치더라도, 그들의 삶은 순간순간 변용하고 변용되는 변화무쌍한 삶입니다. 그 점 또한 간과되는 것 같습니다.

두 번째, 관심의 초점을 학습자로 이동하는 것에만 주의를 기울인 나머지 '중심화'할 때의 문제점을 깊이 살피지 못합니다. 스포트라이트를 생각하면 이해하기 쉬울 것 같은데, 스포트라이트를 받으면 그 부분만 환해지고 나머지는 어두워져 보이지 않게 됩니다. 각광을 받는 이를 포함한 모두가 같은 무대 위에 서 있는데도요. 말하자면 중심의 눈에 포착되지 못하는 것들은 배제되고 소외되며 또 주변화·타자화 된다는 말입니다. 가령 5·31 교육개혁안 이후 '교육수요자'인 학생과 학부모의 인권과 권리를 중시하고 이를 중심화하자 교권이 사라져 보이지 않고 있듯이 말입니다.

중심화가 가져오는 또 다른 문제는 그 중심의 시각과 관점으로 주변을 이해하려 한다는, 즉 중심의 눈으로 주변의 것을 환원시키려 한다는 점입니다. 이를테면 유럽을 중심으로 한 '서구중심주의'가 그렇죠. 역사를 예로 들어보면 유럽은 자신들의 역사 발전 단계가 전 세계 모든 지역에 보편적으로 적용된다고 보고 그 시각으로 유럽이 아닌 다른 곳의 발전 단계를 구분하고 이해합니다. 반대로 비非 유럽의 역사는 유럽의 역사 발전 단계로 환원되어 이해되고 있죠. '원시-고대-중세-근대-현대' 이런 식으로요. 달리 말해 중심이 아닌 주변의 것을 그 자체로, 있는 그대로 이해하지 못한다는 말이고, 따라서 중심과 주변은 '비대칭적'이 된다는 얘기입니다. 교수가 중심이었을 때는 "넌 더 맞아야 돼"가 당연했고, 학습이 중심이 된 지금은 모든 교수 행동이 '인권 침해'에 '아동 학대'가 될 수 있듯이요. 서로가 서로의 시각과 시선, 관점을 인정하고 이해하면서 대칭적으로 동등하게 상호작용하지 못하고 어느 한쪽이 자신의 시점에서만 비대칭적으로 권력을 행사합니다. 중심화가 가져올 수 있는 이런 문제 또한 조망되지 않고 있습니다.

끝으로 세 번째, 제가 배워서 알고 있는 학습 또는 배운다는 것은 과거 지식의 단순하면서도 의미 없는 반복과 재생, 생산성 없는 암기 노동이 아니라 교수의 안내와 돌봄을 통해 무언가 새로운 것, 무언가 다른 것, 무언가 차이 나는 것을 생성하는 창조적이고 생산적인 일입니다. 제도가, 사회가, 학교가, 교수자가 무언가를 '해줘야 한다'는 교육 이미지에 사로잡혀 있는 학습자 중심 교육 담론의 생산자들은 이 점 또한 놓치고 있죠. 학습자 중심 교육이 무엇인지 대답하려면 이제까지의 담론들에 더해 위 세 가지 논점들도 함께 헤아려야 할 것 같습니다. 그렇다면 이런 점들까지 고려한 학습자 중심 교육이란 무엇일지 함께 생각해볼까요?

다시 생각하는 학습자 중심 교육

첫 번째 이야기하고 싶은 것은 '차이'에서 '차이화'로 나아가는 게 좋겠다는 것입니다. 둘의 차이가 뭐냐고요? '화'가 하나 더 붙은

거……는 아니고, 쉽게 말하면 '차이'는 처음부터 차이를 전제해서 결과의 차이마저 당연시한다는 거고, '차이화'는 과정의 차이 때문에 결과도 차이가 있을 수 있다는 말입니다. 짧게 비유하자면 '차이'는 출발선만 다르게 할 뿐 뛰는 코스와 결승선은 같은 반면(그렇다고 결과까지 같아야 한다고 말하진 않습니다), '차이화'는 출발선이 같을 수는 있어도 주자의 차이에 따라 뛰는 코스와 결승선은 달라질 수 있다고, 아니, 달라지는 게 당연하다고 인정하는 것입니다.

지금까지의 한국 교육, 학습자 중심 교육은 학습자의 차이를 전제했고 당연시했습니다. 압니다. 학습자마다 흥미도, 관심도, 성격도, 성질도, 소질이나 적성도, 요즘 유행하는 MBTI도 다르다는 걸요. 그렇게 다르니까 서로 다른 내용과 방법, 목표로 공부해야 한다고 주장합니다. 사실 이건 현대 학습자 중심 교육을 주장하는 사람들이 처음 하는 이야기가 아닙니다. 무려 2,500년 전에 플라톤이 이미 한 얘기이니까요. 그는 사람을 욕망, 기개, 이지를 가진 세 부류로 나누고 그에 맞는 교육을 해야 한다고 주장했습니다. 사람들이 가진 '차이'에 맞게 교육을 제공해 서로 다른 사람들로 조화롭게 구성된 정의로운 사회를 만들 수 있도록 돕는 것이 플라톤이 주장하는 교육의 목적이었죠.

차이를 전제하는 게 뭐가 문제냐고 물을지도 모르겠습니다. 차이를 인정한다는 건 '삶의 올바름'이라고 할까요? 여하튼 우리 삶의 모든 측면에서 강조되고 당연시되고 있는 건데요. 하지만 차이를 인정하는 걸 넘어서 차이를 전제하면 문제가 생깁니다. 우선 그 차이를 누가 구분하고 인정하느냐 하는 초월적 시선의 문제, 두 번째로 어느 한 가지 차이를 중심화하게 됨으로써 또 다른 계급, 신분 등이 만들어질 수도 있다는 문제가요. 플라톤의 교육이 딱 그렇습니다. 사람이 욕망, 기개, 이지의 부분을 서로 다르게 가지고 태어났다면 그렇게 분류하고, 분류 결과를 인정하고, 그에 따른 교육을 설계할 누군가가 필요합니다. 그 누구를 임명할 또 다른 누군가도 있어야 하겠죠. 그걸 누가 해야 할까요?

그뿐만이 아닙니다. 셋 중 어느 하나를 중심화하면 중심이 된 것은 권력을 갖고 다른 것은 주변화되고 소외되고 배제되어 중심화된 것의 억압과 지배를 받게 됩니다(악성 민원도요). 그게 현실입니다. 플라톤은 이지를 가진 사람을 키워서 왕을 시켜야 한다고 했죠. 나머지는 왕의 지배를 받아야 하고요. 더 예를 들어볼까요? 백인, 남성, 귀족, 사대부…….

따라서 필요한 것은 차이를 인정하고 전제하는 게 아니라 그 차이를 확대하고 심화하는 일, 즉 '차이화' 하는 일입니다. 같은 것을 배우더라도 서로 다르기 때문에, 학습자마다 서로 다르게 가지고 있는 유연한 가소성 때문에 서로 다른 것을 생성하고 생산할 수 있다는 점, 서로 다른 사람이 될 수 있다는 점을 인정하고 이를 추구하는 일입니다. 그래서 『중용』에서는 얘기하죠. 화이불류和而不流, 즉 조화를 이루되 따라가지는 말라고요. 한마디로 하나의 학습 목표, 동일한 학습 과정, 하나의 교육 목적에서 벗어나자는 얘기로 요약할 수 있겠습니다. 참고로 그와 같은 반反 동일성도 현대 사상의 중요한 주장입니다.

그렇게 얘기할 수 있는 근거는 학습이란 그와 같이 서로 다른 것을 생성하고 생산하는 '차이화'의 과정이라는 점입니다. 학습은 우리말 '배움'으로 바꿔 쓸 수 있는데, 배움의 어원 '배다'는 두 가지 뜻을 가지고 있죠. 하나는 익숙해지는 것으로서의 '배다'이고, 다른 하나는 생명을 잉태하는 것으로서의 '배다'입니다. 새로운 것을 배우고學 익혀서習 익숙해지는 것이 배움입니다. 이를 통해 새롭게 배운 것과 유사하면서도 차이 나는 것을 생성하는 것이 또한 배우는 일입니다. 반복적이고 차이 없는 재생산이 아니라요. 부모와 비슷하면서도 다른 생명을 갖는 일이 바로 '배는' 것이니까요. 따라서 학습의 과정에서 동일한 출발점, 동일한 과정, 동일한 결승점은 애초부터 있을 수가 없습니다.

만일 그 수많은 생성들을 중시하고 긍정하는 교육이라면 단 하나의 중심을 설정한다는 것은 불가능한 일입니다. 요즘 교육정책이 사용하는 슬로건인 꿈과 끼가 어쩌고, 학생이 행복한 교육이 저쩌고 하는 게 결국은 학생 모두의 개체화·차이화를 이야기하는 것,

그 모두를 **중심으로 만드는 것**이 아닐까 생각합니다. 한마디로 현대 인류학이 주장하는 '복수의 중심'을 설정한다는 말이죠. 문제는 꿈과 끼가 다르다는 것, 차이가 있다는 것만 인정·전제하고 그 과정과 결과는 결국 같은 것으로 동일화하고 수렴시키려는 우리 사회의 교육 문화, 교육제도, 교육정책입니다. 꿈과 끼는 다르지만 어쨌든 학교는 나와야 하잖아요. 학교는 다녀야 교육을 받고 '사람'이 되잖아요. 학교는 다녀야 졸업장을 받고, 졸업장이 있어야 사람 취급받잖아요. 거기다 수능을 치러서 대학도 가면 더 좋겠죠. 창업을 해서 대박 나거나 공무원이 되거나 대기업에 취업까지 하면…… 와!

동일성으로 수렴시키려는 이런 문화 속에서 탈중심화와 발산과 반동일성을 꾀하는 학습자 중심 교육이 가능할까 의구심이 들지 않으려야 않을 수가 없습니다만 어쩌겠습니까. 그게 우리 교육이 삼아야 할 방법론 또는 나아가야 할 방향이라면 이를 실현할 방법을 찾고자 노력하는 수밖에요. 따라서 교사가, 교수가 주목하고 관심을 가져야 할 것은 학습자 중심 교육을 바라보는 관점을 부단히 성찰하고 새롭게 형성하는 일, 그리고 학습 또는 배움의 과정에서 필연적으로 일어나야 할 이러한 확산과 분화를 어떻게 이끌고 이해하고 평가할 것인가가 아닐까 싶습니다.

학습자 중심 교육을 얘기할 때 곰곰이 따져보아야 할 것들, 우리가 진작 묻고 대답해야 했으나 그러지 못했던 것을 '학습(자)', '중심', '교육'과 관련해 얘기해보았습니다. 그 방법론은 '차이화'였고요. 학습자 중심 교육을 이해하기 위해서는 기존의 관점에 더해 이런 측면들도 살펴보아야 한다고 얘기는 했어도 그러기 위해서는 해야 할 일이 참 많습니다. 학습자 중심 교육에 대한 생각을 다지는 일부터 시작해서 학습자와 학습 내용의 다양한 연결을 통해 생성되는 복수의 학습 세계를 숙고하고 긍정할 수 있는 교수 방법, 그리고 그걸 평가할 수 있는 평가 도구를 어떻게 만들 것인가 하는 것들 말입니다. 일단 저부터도 수업 시간에 제 뜻대로 안 되는 녀석들을 보면 답답함부터 느끼는데 어디서부터 어떻게 이 녀석들의 '차이화'를 감지하고 그것이 무한히 증식하고 발산될 수 있도록 격려하고 응원해야 하나, 그럼으로써 저와, 나아가 사회와의 관계 속에서 자신의 공부, 자신의 배움에 충실하도록 해야 하나 고민이 깊어가는 새벽입니다.

13

교육의 목적과 목표

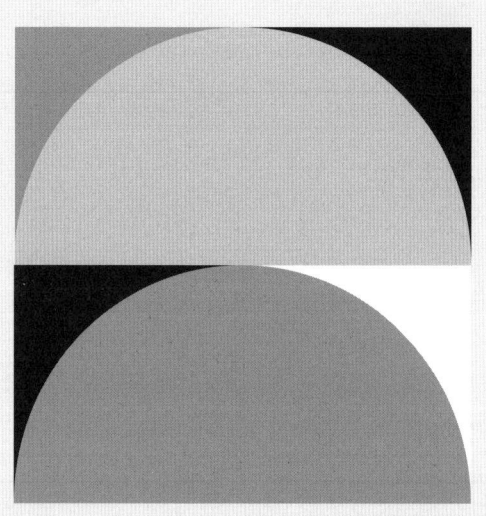

습관적으로, 생각 없이 하는 행동이 아니라 머리를 써서, 그러니까 어떤 의도를 가지고 지력을 사용해 일을 하는 경우라면 대개 그 일의 목적을 설정하고 목표를 세웁니다. 등산을 하든 여행을 하든 책을 읽든 연수를 듣든 무슨 일을 하든지요. 사람마다 조금씩 다르겠지만 분명 어떤 목적과 목표를 가지고 있을 겁니다.

더 나은 인간 형성을 위한 계획적이고도 의도적인 행위인 교육이라면 말할 것도 없겠죠. 동서양을 막론하고 고대부터 최근까지, 교육과 아주 조금이라도 연을 맺은 사람이라면 누구나 어김없이 교육의 목적과 목표에 관해 생각해보았을 것이고, 또 하고 있을 겁니다. 나는 왜, 어떤 이유에서 배우고 가르치는 일에 참여하는가. 그 과정에서 달성하고자, 얻고자 하는 것은 무엇인가. 그게 명확하면 배우고 가르치는 과정이 아무리 어렵고 고통스럽더라도 견뎌낼 것이고, 그렇지 않다면 그 지난함과 고통은 더는 견디고 참을 수 없는 강요와 폭력이 되어 내 삶을 짓이기고 피폐하게 만들 겁니다.

아마 여러분도 학교에서 수업을 통해 학생들을 만나는 목적과 목표를 갖고 있겠죠. 그 목적과 목표는 십중팔구 다 다를 겁니다. 우리가 자라온 환경, 살아가는 상황과 조건, 앞으로의 계획, 배움과 가르침을 실천해가는 과정 등이 전부 다르기에 다른 사람들과 똑같은 목적과 목표를 설정하기는 우연이 아니고는 불가능에 가깝기 때문입니다. 교육학 과목을 공부하면서 들었던 수많은 학자들의 목소리가 서로 다 달랐다는 사실을 떠올려보기 바랍니다. 또 주변 사람들과의 대화도 곰곰이 생각해보기 바랍니다. 모두들 동상이몽에 빠져 있다는 사실을 파악하기는 어렵지 않을 겁니다.

그런 상황에서 '교육의 목적과 목표는 궁극적으로 이래야 합니다' 하고 숟가락 하나 더 얹어야 아무런 의미도 필요도 없는 공해일 뿐이겠죠. 대신에 저는 지금까지 했던 것처럼 목적의 개념이 무엇이며 그것은 목표와 어떻게 다른가에서 출발해 교육 목적은 무엇이고 좋은 교육 목적의 특징은 또 무엇인지, 나아가 현재 형성되어 있는 교육 목적에 관한 담론은 어떤 문제가 있는지, 그 문제는 어떤 방향으로 풀어나가야 하는지 이야기해보려고 합니다.

목적과 목표의
차이

많은 사람들이 교육의 목적, 정확히는 교육을 '받아야' 하는 목적을 이야기합니다. 가령 행복, 사랑과 평화, 지식의 습득, 자아 실현, 내적 성장, 사회적 성공 같은 것들 말입니다. 그 다양한 목적들을 이르집고 분류해 '내재적'인 것이다, '외재적'인 것이다 가름하기도 하고요. 그런데 정작 목적이라고 하는 게 무엇이기에 그런 것들을 설정하는가, 또 목적과 목표는 무엇이 다르며 그 관계는 무엇인가 주목하는 사람들은 드문 것 같습니다. 우선 그것부터 따져보죠.

듀이의 이야기로 시작하겠습니다. 두 용어에 대한 사전적 정의나 다른 이의 구분에서 시작할 수도 있겠지만, 제가 보기에 다른 담론들은 정의항을 설명하기 위해 다시 피정의항을 가져다 쓰는 식의 동어반복을 하고 있는 까닭에 이 둘의 차이를 명확히 하는 데 한계가 있다고 판단했기 때문입니다. 듀이는 총을 쏘는 일을 예시로 들면서 목적과 목표를 설명합니다.

> 우리가 한 활동을 규정하는 유일한 방법은 우리 마음속에 그 종결 당시에 나타날 대상―총을 쏠 때 겨냥하는 과녁과 같은 것―을 마음속에 그려보는 것이다. 그러나 우리가 잊어버리지 말아야 할 것은, 여기서 말하는 '대상'이라는 것은 표적 또는 표지에 불과하다는 것, 그리고 그 표적 또는 표지는 우리가 수행하려고 하는 '활동'을 구체화하는 기준에 불과하다는 것이다. 엄밀하게 말하면, '표적'이 아니라, '표적을 맞추는 것'이 바로 예견되는 결과이다.[66]

눈치채셨죠? 이 예시에서는 '총을 쏠 때 겨냥하는 과녁', '표적 또는 표지'가 목표, '표적을 맞추는 것 또는 행위'가 목적이 되겠죠. 조금 더 구체적으로 얘기해보겠습니다.

이는 체육 과목의 '표적 도전' 단원에 해당하는 한 가지 예가 될 수 있을 것 같은데요, 눈앞에 총을 쏴서 맞힐 표적지를 놓고 이 표적지를 겨냥하고 있습니다. 체육관 안의 다른 것이 아닌 바로 저 표적지가 지금 내 총알이 향해야 할 표적, 즉 목표입니다. 하지만 반드시 표적지여야 할 필요는 없겠죠. 그 자리에 러버콘을 놓든 공을 놓든 아무 상관이 없습니다. 내가 달성하려는 것은 총을 쏴서 표적을 맞힐 수 있느냐 하는 것이고, 이 능력을 기르기 위해 표적지를 사용할 뿐이기 때문입니다. 표적을 맞힐 수 있는 능력을 기를 수 있다면 굳이 표적지가 아니어도 됩니다.

말하자면 목적이란 목표 너머의 것, 즉 지금 내가 달성하려 하는 이 일의 의미, 가치, 이 일을 통해 내가 정말 하고자 하는 것, 듀이의 표현을 빌리면 "그것으로 무엇인가를 하려고 한다는 것"[67]을 말합니다. 총의 예시를 사용하면 '나는 왜 이 표적지를 맞히려고 하는가?', '나는 무엇을 위해 이 표적지를 맞히려고 하는가?', '이 표적지를 맞힘으로써 나는 무엇을 얻으려 하는가?' 이런 질문에 대해 내린 답이 되겠군요. 이에 대한 한 가지 가능한 답이 '표적을 맞히는 행위 능력의 향상'이 되겠고요. 당연히 표적을 겨냥하는 학생들에 따라 그 답은 달라질 수 있겠습니다. 그런 점에서 사람들 사이에서 합의된 목적은 있을 수 있으나 누구나 받아들여야 할 절대적이고 궁극적인 목적은 없다고 보는 편이 맞을 것 같습니다.

한편 목표는 그 목적을 달성하기 위해 지금 당장 이르러야 할 구체적인 도달점, 지금 당장 성취해야 할 행위라고 말할 수 있습니다. 총으로 표적을 맞히는 능력을 기르기 위해 지금 당장 쏴서 맞혀야 할 저 표적지처럼요. 지금은 표적지가 목표지만, 다음 시간에는 굴러가는 농구공을 목표로 삼을 수도 있습니다. 또 그다음 시간에는 그보다 작은 배구공을 목표로 삼을 수도 있겠고요. 아하. 이렇게 구분하고 보니 목적을 이루기까지 필요한 목표는 달라질 수도, 목표들 간에 단계나 위계가 있을 수도 있겠네요. 오늘은 가까운 거리, 다음에는 좀 더 먼 거리, 그다음에는 더 먼 거리에서 총을 쏘거나 아니면 표적의 크기나 위치를 조절하는 것처럼 말입니다.

그렇다면 이런 질문도 가능할 것 같습니다. '왜 총으로 표적을 쏴서 맞혀야 하는가?' 마찬가지로 대답은 다양할 겁니다. 생존 기술을 익히기 위해서, 대회에서 입상하기 위해서, 여가를 즐기기 위해서 등등. 그렇게 되면 총으로 표적을 맞히는 행위가 목표가 되고 생존 기술, 대회 입상, 여가 등이 목적이 되겠죠. 이런 질문과 대답은 끝없이 이어질 겁니다. 목적과 목표는 그 관계와 경계가 명확히 정해지고 고정된 게 아니라 오늘은 목적이었던 것이 내일은 목표가 될 수 있는, 그런 상대적 관계에 놓여 있군요. 지금까지의 이야기는 이렇게 정리할 수 있겠습니다.

- 나는 이걸(행복, 사랑과 평화 등) 이루려고 해. → 목적
- 그러기 위해서는 우선 이것부터(소통과 협력, 공감과 존중 등) 해야 해. → 목표

또는

- 나는 이 일(소통과 협력, 공감과 존중 등)을 하려고 해. → 목표
- 그 이유는 이거(행복, 사랑과 평화 등)야. → 목적

사실 일상에서는 목적과 목표를 명확하게 구분하지 않기도 하고, 또 혼용도 합니다. 그런 걸 왜 이렇게 애써 구분했을까요? 이 가름의 목적은 무엇일까요? 학생들과 하고 있는 이 활동, 학생들이 성취하기를 바라는 어떤 기준의 의미와 가치를 한번 생각해보면 좋겠다는 마음에서입니다. 제가 그렇습니다. 어떤 활동을 하기에 급급한 나머지 '나는 이 활동을 왜 학생들과 하고 있는가?', '나는 이것을 왜 가르치는가?', '학생들은 이것을 왜 배워야 하는가?' 하는 생각에는 미치지 못하는 경우가 왕왕 있습니다. 백인백색의

서로 다른 의미와 가치를 부여하고 제시하더라도 이와 같은 질문에 스스로 답할 수 있을 때 내가 준비한 교육 활동이 단순히 객관적인 정보 전달이 아니라 정말로 중요한 의미와 가치를 띠는 활동이 되지 않을까요?

그 말은 목적을 어떻게 설정할 것인가, 어떤 목적을 설정해야 하는가 하는 것이 중요하다는 얘기로 들리는데요, 이 질문에 대한 대답으로 목적이라는 것 자체에 대해 뒤살펴보겠습니다.

교육의 목적 톺아보기

프랑스의 소설가 알렉상드르 뒤마가 쓴 유명한 소설 『몬테크리스토 백작』으로 이야기를 시작할까 합니다. 주인공 에드몽 단테스는 친구들의 모함으로 함정에 빠져 누명을 쓰고 바다 한가운데에 지어진 천혜의 감옥 '이프 성채'에 수감됩니다. 물살도 세고 무엇보다 깎아지른 듯한 낭떠러지 위에 감옥이 지어져 있어 삼엄한 경비를 피해 무사히 빠져나온다고 해도 육지까지 갈 방법은 하나도 없는, 탈옥 가능성이 전무한 곳입니다. 말하자면 이곳에서의 탈옥은

'미션 임파서블'이죠. 거기서 나오는 방법은 딱 두 가지입니다. 형기를 다 마치고 배를 타고 육지로 오든가, 아니면 죽어서 자루에 들어가 바다로 던져지든가.

그러나 단테스는 탈옥을 결심합니다. 그리고 자신에게 누명을 씌운 친구들에게 복수를 맹세하죠. 그 목적을 달성하기 위해 감옥에서 만난 파리아 신부에게 각종 학문과 귀족으로서 갖추어야 할 교양과 행실 등을 배우고 복수 계획을 짭니다. 목적을 향해 하나하나 목표를 이루어가던 단테스는 파리아 신부가 죽을 때 그 대신 주머니에 들어가 바다에 던져지고, 결국 탈옥에 성공합니다. 계획에 따라 차근차근 복수도 마무리하고요.

이처럼 목적은 우리에게 해야 할 일과 가야 할 곳을 분명히 지시하고, 우리가 서 있는 곳, 상황, 조건을 되돌아보게 하며, 목적지에 도달하기 위해 선택할 수 있는 길의 목록도 만들 수 있도록 해줍니다. 그 외에도 몇 가지 성격을 더 가지고 있는데요, 천천히 따져보겠습니다.

첫째, 목적은 어떤 일의 '단순한' 또는 '우연한' 결과가 아닙니다. 목적이 '총으로 표적을 맞히는 행위'처럼 어떤 일을 함으로써 내가 하고자 하는, 얻고자 하는 어떤 예견된 결과이기는 합니다. 그러나 그건 행위의 계속성 또는 연속성 속에서 일어날 결과라는 점에서 아무런 의도나 이유도 없이 자연스레 일어나는, 가령 태풍이 불면

과수가 떨어지는 것과 같은 '자연적인' 또는 '단순한 결과'와는 다릅니다. 말하자면 목적이란 '사전의 예견', 이루고 싶은 무언가를 위해 질서정연한 순서와 계획에 따라 앞에서 차례로 해온 여러 일들에 대한 마무리, 잠재적 완성이라는 것이죠. 다양한 크기의 표적들을 다양한 거리에서 쏴봄으로써 얻게 되는 결과 또는 그런 일련의 일들을 수행한 끝에 완성하게 될 모습이 '총으로 표적을 맞히는 행위', 곧 목적이라는 말입니다.

그런 점에서 어떤 이유에서든 앞으로 벌어질 일, 달성할 일, 완성된 모습을 미리 그려볼 수 없다면, 지금 내가 처한 상황이 그런 조건을 갖추지 못하고 있다면 목적을 얘기한다는 것은 어불성설일 것입니다. 당장 지금 눈앞에 있는 표적지도 못 맞히는데, 표적지는커녕 총조차 구할 수 없는데 무슨 대회 입상이니 생존이니 하는 것을 사전에 예견하고 목적으로 삼을 수 있을까요?

두 번째, 목적은 활동의 방향을 일러줍니다. 일단 목적을 설정하면 가장 먼저 하는 것은 내가 처한 상황, 그러니까 사용 가능한 시간과 공간과 도구, 내가 가진 능력 등 주어진 조건을 세밀하게 조사하는 일입니다. 그래야 언제 어디서 어떻게 무엇을 가지고 목적 달성을 위한 행위를 할 수 있는지, 또 목표는 어떻게 세분화·단계화해야 하는지 계획을 세울 수 있을 테니 말이죠. 새로 배워야 할 게 있다면 배우고, 더 준비해야 할 사항들이 있다면 마련하면서, 또 그런 일들을 해결할 순서를 차근차근 정하면서 말입니다.

하지만 모로 가도 서울만 가면 된다고, 내 목적을 달성하는 길이 단 한 가지만 있는 건 아니겠죠. 목적이 확고하다면 다양한 대안들 속에서 헤매거나 흔들리지 않을 겁니다. 오히려 다양한 대안들의 가능성과 장단점을 치밀하게 파악해서 가장 좋은 대안을 찾으려 하겠죠. 말하자면 목적은 주어진 조건에 만족하고 이를 수동적으로 받아들이는 것이 아니라 내가 이루고 싶은 어떤 결과를 위해 현재의 상황을 나에게 맞게 재구조화하는 데 관심을 가지고 적극 참여할 수 있게 만듭니다. 총 쏘는 연습을 할 공간을 마련하고, 일과를 쪼개 연습할 시간을 내겠죠. 총을 더 잘 쏘는 방법을 익히기 위해 동호회에 들거나 유튜브 동영상을 참조할 수도 있겠고요. 총을 쏘는 것과는 별 관련 없는 공차기나 수영 같은 엉뚱한 것들에 대한 관심은 줄이겠죠. 그런 여러 일들의 순서와 단계를 조정하는 일도 여기에 포함될 겁니다.

그렇지만 반대의 경우도 있을 수 있습니다. 목적이 명확하지 않으면 무엇을 해야 할지 몰라 길을 잃는 게 바로 그런 경우일 텐데요, 교직 이수 과정을 밟는 한 학생이 쓴 글을 함께 읽어보겠습니다.

요즘 내 주변에는 자기 꿈하고는 별개로 공무원 준비를 하는 아이들이 많다. 공무원이 되려는 가장 큰 이유는 안정적인 생활이다. 요리사가 되고 싶은 사람이 공무원 공부를 하고 있는 셈이다. 이렇듯 요즘 교육은 코미디다. 교육이 인생의 가치와 개인의 고유한 방향성을 찾아 그것을 개발하고 실현할 수 있게 돕는 것이 아니라 살아 있으나 죽은 것 같은 무의미한 삶을 부추기고 있다. 나는 내가 지금 왜 교육받고 있는지 모른다. 확실히 뭔가 잘못된 것 같다. 나는 길을 잃은 것인가?[68]

교육의 목적 또는 교육을 받는 목적을 모르겠다는 얘기군요. 그러다 보니 뜻하지도 않은 공무원 시험을 준비하는 것이겠고 결국 시험 준비의 의미도 가치도 찾지 못한 채 헤매고 방황한다는, 나아가야 할 길과 함께 나 자신을 잃은 것 같다는 이야기로 들립니다. 그런 점에서 명확한 목적은 어떤 상황에서든 우리가 늘 깨어 있을 수 있게, 우리가 우리 자신으로서 살 수 있게 힘을 주는 것 같습니다. 우리의 행위를 그저 행위를 위한 행위가 아닌 의미를 가진 행위로 만들어주는 것 같습니다.

그런데 마키아벨리가 『군주론』에서 이런 주장을 합니다. '목적이 수단을 정당화한다.' 목적 달성을 위해서는 타자의 피나 눈물 따위는 상관없다는 말인데, 정말 그런가요? 인간의 복지를 위해서 비인간들을 그렇게 비인간적으로 착취해도 되는 걸까요? 그런 식으로 달성해야 할 목적이 과연 좋은 목적일까요? 그보다 '좋은 목적'이라는 건 뭘까요? 어떤 기준을 충족시켜야 '좋은 목적'이라고 할 수 있을까요?

'좋은 목적'을
판단하는 기준

목적을 잘 설정해야 한다는 말을 듣고는 살았어도 목적을 '잘' 설정한다는 게 뭔지, 반대로 '잘' 설정된 목적은 어떤 특성을 가지고 있는지에 대해서는 깊이 따져보지 않은 것 같습니다. 하지만 앞으로 살펴볼 이 기준이 절대적인 것은 결코 아닐 테니 너무 여기에 매이거나 갇힐 필요는 없겠죠. 목적을 세우는 데 또는 내가 세운 목적이 괜찮은지 판단하는 데 참조해볼 사항 정도로 여기면 될 것 같습니다.

우선, 목적은 현재 조건에서 달성 가능한 것이어야 한다는 점입니다. 많은 사람들이 꿈은 크게 가지라고 충고합니다. 그래야 이것저것 다양한 경험에 열린 삶을 살 거고, 그 과정에서 다른 사람은 꿈에서도 못 해봤을 많은 것을 배울 가능성이 높아지겠죠.

하지만 꿈이 그렇다는 거고 목적은 지금 조건에서의 행동들, 계획들을 계속해서 실현해갔을 때 종국에 얻을 것으로 예상되는 어떤 결과입니다. 허황된 꿈, 망상이 아니라는 거죠. 총도, 총을 쏠 시간도, 연습 공간도 없는데 무슨 올림픽 금메달입니까. 꿈은 크게 가질수록 좋을지 몰라도 목적은 현실적이어야 한다는 말입니다. 달리 말하면 목적은 현재 내가 처한 상황에서 사용 가능한 이런저런 자원들, 난점들에서 도출되어야 한다는 말입니다. 그래야 당장 활용 가능한 것은 최대한 사용하면서, 부족한 것들은 채워가면서 뭔가 행동할 수 있을 테니까요.

이 말이 가진 또 한 가지 의미는 외부에서 설정되어 내게 부과된 목적은, 적어도 나한테는 그리 좋은 목적이 아니라는 점입니다. 내가 처해 있는 상황과 조건의 파악, 그에 따른 계획의 수립과 실행, 성찰과 더 나아감의 순환고리 속에서 이루어지는 의미 있는 성장을 경험하지 못하고 그 목적을 부과한 외부의 권위에 수동적으로, 강제적으로 종속되기 때문입니다. 다들 경험이 있지 않나요? 학교가 학급에, 사회가 학교에, 정치가 교육에, 가정이 자녀에게 부과한 교육의 목적이 얼마나 우리의 배우고 가르치는 과정을 옥죄고 피폐하게 만드는가에 대한.

두 번째 기준은 목적의 유연성입니다. 목적은 고정된 것, 한번 설정되면 불변하는 것이 아니라 상황에 따라, 진전 정도에 따라 언제든 변경 가능한 잠정적인 윤곽이라는 얘기죠. 이건 첫 번째 조건에서 자연스레 따라 나오는 논리적인 귀결인데요, 사실 내가 처한 상황이나 조건은 언제든 바뀔 수 있는 가변적인 겁니다. 계속해서 총 쏘기를 예로 들면, 갑자기 다른 일이 생겨 예정된 연습을 소화하지 못하게 된다거나 어느 날 갑자기 표적지나 총알을 구하지 못할 수도 있겠죠. 그와는 반대로 연습을 도와줄 아주 훌륭한 선생님을 만날 수도 있을 겁니다. 목적이 현재 조건에 따른 자연스러운 결과, 산물이라면 지금 내가 처한 상황, 조건들이 목적에 반영되는 것이 좀 더 자연스러운 일일 겁니다. 그렇게 되면 목적이 바뀌겠죠. 교내 대회 우승에서 시도대항전 입상이라든가 하는 것으로요. 즉 상황에 따라 '성장하는 목적'이 좋은 목적의 조건이라는 말입니다.

반면 외부에서 부과된 목적은 우리가 처한 현실적 조건을 반영한 목적이 아니라 목적 설정의 주체가 만든 인위적이고 인공적인 것이기에 유연하지 못합니다. 우리의 구체적인 상황에 맞지 않기 때문에 실제에 적용하지도 못합니다. 이혁규의 이야기[69]가 좋은 예가 될 것 같습니다.

중학교에서 학생들과 공부하다가 고등학교로 옮겨 갔는데 교과서가 바뀌었다는군요. 해설하고 설명해야 할 내용들로 채워진 교과서에서 함께 풀어가야 할 문제들로 가득한 교과서로요. 당시 국가 교육과정이 협업과 토론을 통해 사회적 문제 해결력을 기르는 것을 목적으로 삼았고 이를 위해 그런 교과서를 만들었다는데, 당시에는 학생과 교사가 토론식 수업을 할 준비가 전혀 되어 있지 않았다고 합니다.

그런 상황과 학습 조건에서 의사소통 능력, 문제 해결력의 향상을 목적으로 삼아 교과서 하나만 달랑 바꾸면 과연 그 목적이 달성될까요? 이건 국가 교육과정이 명령한 것이기 때문에 바꾸지도 못합니다. 결과는 뻔합니다. 혼란만 가져오겠죠. 교육과정이 개정될 때마다 학교 현장, 학생과 교사가 처한 상황은 고려하지 않은 채 국가·사회, 그리고 각 교과가 나아가야 할 방향을 목적으로 삼고 학생과 교사에게 그걸 달성하라고 강요하는데, 그 과정에서 학교 현장이 발칵 뒤집어지는 일은 결코 우연이 아닙니다.

좋은 목적이 갖추어야 할 세 번째 기준은 목적 달성에 따르는 활동을 구속하지 않고 자유롭게 하는 것입니다. 표적을 맞히는 능력의 향상이 목적이라면 활동 과정에서 내가 맞히고자 하는 것이 표적지든 러버콘이든 공이든 유리병이든 상관없을 겁니다. 목적은 목표를 가지고 하려는 무엇, 즉 목표 그 이상이기 때문이죠. 하지만 표적을 맞히는 행위를 익히기 위해 하루에 천 발씩 몇 시간이고 서서 오로지 표적지를 쏘는 활동만을 해야 한다고 강제한다면 그런 걸 좋은 목적이라고 할 수 있을까요? 그처럼 의무와 부담만 지워주는 목적이라면 저로서는 폐기를 심각하게 고민하지 않을까 싶습니다.

좋은 목적의 조건을 이야기하면서 고정된 목적, 외부에서 부과된 목적과 비교를 해봤는데요, 말이 나온 김에 그런 목적들이 가져오는 폐단에 대해서도 간단히 정리할까 합니다. 말이 정리지 아마 다들 피부로 느끼고 있을 겁니다.

우선 목적 자체만 강조되고 활동 과정의 가치와 의미들이 부차적이 된다는 점을 들 수 있습니다. 그리고 그 과정에서 '목적이 수단을 정당화'하는 일이 발생하겠죠. 또한 학습자와 그들이 처한 조건을 도구화하고 수단화하게 되겠고요. 지금이야 많이 줄어들었다고 하지만 예전에는 대회 입상을 위해서라면 학생 선수들에 대한 감독, 코치의 폭력은 '당연한' 것이었던 것처럼 말입니다. 선수들이 얼마나 많은 땀을 흘리는가, 얼마나 많은 열정을 쏟는가 하는 것은 부차적이었고요. 프로 선수들이 사는 곳은 결과가 모든 것을 말해주는 냉혹한 승부의 세계일지 몰라도 학생 선수들에게마저 그런 목적을 요구하는 것이 과연 교육적으로 정당한 일인가는 의문의 여지가 있습니다.

성적이라든가 대학 진학 등도 같은 관점에서 이해할 수 있을 것입니다. 실제로 저는 '진학 지도'로 포장된 체벌을 겪은 세대기도 합니다. 어쩌면 그래서 대학 진학이라는 목적을 달성하고서도 여전히 '왜 공부하는지 모르는' 또는 '왜 교육을 받는지 모르는' 학생들이 생겨나는 게 아닐까요?

그런 점에서 외부에서 고정시킨 목적은 학생들이 처한 현실, 상황, 조건에 굳이 주의를 기울이게끔 하지 않습니다. 학생들이야 죽어나가든 말든, 폭력으로 상처를 받고 멍이 들든 말든 이른바 '상위권' 대학에 잘 보내기만 하면 되고, 대회에서 입상만 하면 되니까요. 마찬가지로 학생과 교사가 준비가 됐든 안 됐든 '우리는 학습자 중심 수업을 한다', '우리는 비판적 사고를 기르기 위한 교육 활동을 한다' 하고 문서만 예쁘게 꾸며서 보여주기만 하면 되니까요. 학교에서 일어나는 거의 대부분의 일상이 이런 식이어서 무얼 얘기하든 다 그 예가 될 수 있을 겁니다.

또 국가와 사회는 학교에게, 학교는 교사에게, 교사는 학생들에게 자신이 설정한 목적을 부과합니다. 그럼으로써 학생들은 이중삼중으로 외부 목적을 강요당하죠. 자신이 진짜로 하고 싶은 공부, 자신의 내적 욕구와 욕망에 따른 자연스러운 목적과 외부 목적 사이의 내적·외적 갈등 속에서 끊임없이 멍들고 속이 문드러지는 것은 정말이지 너무나 당연한 일이 아닐 수 없습니다. 오죽하면 앞서 읽은 학생의 글에서 자신은 '길을 잃었다'고까지 표현했을까요. 그토록 원하던, 교육을 '받는' 목적인 줄 알았던 대학에까지 진학했는데 말입니다.

그런 점에서 저는 **교육의 목적은 학습자의 목적이어야지 교육과정의 목적, 교과의 목적, 교사의 목적이어서는 안 된다 또는 그(것)들이 제시하는 목적은 최소화해야 한다**는 생각에까지 이르게 되었는데요, 이제부터는 우리의 소명인 교육과 관련지어 좋은 교육 목적이 가져야 할 특징들에 대해 생각해보겠습니다.

좋은 교육 목적이
가져야 할 특징

目적이 좋은가 그렇지 못한가를 판단하는 기준이 그렇다면 이 기준을 참고해 설정한 교육 목적이 좋은 교육 목적이 되겠군요. 교육 목적이 좋은 것이 되려면 또는 교육 목적을 잘 설정했다 얘기를 들으려면 어떻게 해야 할까요?

우선 학습자의 삶에 바탕을 두어야 할 것입니다. 앞서 이야기했듯이 좋은 목적이란 현재 조건에서 자연스레 따라 나오는 산물이어야 하기 때문입니다. 그러나 어디 그런가요? 어디를 보든 온통 학생의 삶의 문제를 도외시한 외재적 목적투성이입니다. 학교교육의 나침반인 국가 교육과정도 예외는 아닙니다. 이재준[70]은 국가 교육과정이 제시하는 이러저러한 교육 목적들에 대해 '한국교육의 민낯'이라는 거친 표현을 써 가며 그 외재성을 통렬히 비판하는데요, "교육에도 더 교육받는 것 이외의 다른 고려사항이 없다"라는 교육의 내적 논리를 배제한 채 국가·사회가 처한 대내외적 상황 등 외재적 논리만을 근거로 한 국가 교육과정의 교육 목적 설정 및 정당화, 그것을 학교교육에 강요하는 교육 현실에 대한 그의 분노에 어느 정도 공감이 됩니다.

좋은 교육 목적이 가져야 할 두 번째 특징은 학습자의 활동을 도울 수 있는 방법을 직·간접적으로 시사해야 한다는 것, 더불어 학습자의 잠재성을 이끌어내고 현실화하는 데 필요한 조건과 환경이 어떤 것인가, 그것을 어떻게 조직할 수 있는가를 시사해야 한다는 것입니다.

총으로 표적을 맞힐 수 있도록 하는 것이 교육의 목적이라면 총과 표적지를 준비하고 학생이 가진 다양한 조건을 살펴 총 쏘는 공부를 할 시간과 공간을 마련하는 것은 당연한 일입니다. 교육 목적은 그런 일들이 필요하다는 것, 그런 일들을 해야 한다는 걸 교사와 학생에게 알려줘야 하죠. 그러나 학생과 교사가 처한 상황에 대한 면밀한 조사 없이 외부에서 당위적으로 설정되고 부과된 목적은 이런 방법과 조건들을 제시하지 못하거나 또는 학생과 교사들에게서 그와 같은 방법과 조건들을 스스로 끌어내고 마련하게끔 돕지 못합니다.

가령 뭔가를 던지거나 쏴서 표적을 맞히는 걸 좋아하고 잘할 수 있는 상황과 조건에 있는 학생들한테 사격이 아닌 '육상 종목 우승'이라는 목적을 설정해서 부과하고 강제한다면 대체 뭘 어떻게 하라는 걸까요? 어떻게 육상 운동을 할 수 있는 시공간과 자원을 마련하라는 걸까요? 이 문제를 풀어야 하는 건 결국 교사들인데 교육의 목적이 그 방법이나 환경, 조건들을 시사하거나 제시하지 못하니 '육상 종목 우승'이라는 교육 목적을 달성하는 것은 요원한 일이 아닐 수 없습니다.

끝으로 셋째, 좋은 교육 목적은 '궁극적'이라거나 '절대적'이지 않다 또는 그런 수식어를 쓰지 않는다는 겁니다. 세상에는 이뤄야 할 이상향들이 너무나 많습니다. 세상의 평화나 사랑, 행복, 인간 및 비인간 공동체가 더불어 살 수 있는 안락하고 깨끗한 환경 같은 것들이 그 예가 될 수 있겠죠. 문제는 그런 가치들은 사회가 변화함에 따라 끊임없이 등장한다는 겁니다. 가령 지금의 한국 사회가 예전에는 너무나 당연해서 그리 관심을 두지 않았던 인성과 교우 관계에 그렇게 신경을 쓰는 것처럼 말입니다. 이 문제가 어느 정도 해결이 되면 또 다른 것, 바로 그 당시에 부족하거나 미흡해서 반드시 채워야 할 무언가를 교육 목적으로 내세우겠죠.

그런 목적들은 지금-여기의 교육 활동을 조망하고 관련짓고 통합하는 데 도움을 얻을 수 있는 기준점, 참조점 같은 것으로 삼아야지 맹종해서는 안 된다는 게 제 생각입니다. 달리 말하면 그런 목적들은 교육이라는 거대하고 복잡한 세계의 서로 다른 측면들을 들여다보는 창, 통로, 그것들을 서로 조합해 하나의 일관된 흐름과 실천을 창조하는 데 참고 가능한 잠정적 매듭 같은 것으로 활용해야 한다는 말입니다. 교육이 이르러야 할 마지막 종착지가 아니라요. 듀이가 강조하듯 교육의 목적은 "더 교육받는 것 이외의 고려사항"이 없기 때문, 배움과 가르침의 과정에 부단히 참여하도록 하는 것이 교육의 목적이기 때문입니다.

좋은 교육 목적이 갖추면 좋을 몇 가지 특징들에 대해 얘기하고 보니 우리 사회에 형성된 교육 목적에 대한 담론들이 좀 낯설게 보입니다. 왜 그런 생각을 하게 됐는지 이야기를 이어가겠습니다.

교육 목적
낯설게 보기

「학습자 중심 교육」 꼭지에서 우리 사회의 교육 문화라며 '교육자=교사', '교육=가르침' 등식이 성립한다는 이야기를 했죠? 그에 따르면 교육 목적이란 교사의 관점에서 바라본 또는 교사가 교육을 통해 달성하고픈 일들에 대한 이야기가 됩니다. 국가 교육과정 문서는 물론이고, 이번 꼭지를 쓰기 위해 찾아본 이런저런 자료들

대부분이 그런 관점에서 교육 목적을 이야기하고 있었습니다. 전에 봤던 책들이, 또 새롭게 찾아본 자료들이 이제 와 그렇게 읽혔다는 것은 그동안 저 역시 무의식중에 그런 시선을 가지고 있었다는 방증이겠죠. 간혹 학생들의 목소리를 듣는 경우도 있는데, 이런 식으로 질문합니다. '교육을 받는 목적이 무엇이냐?' 학생의 교육 목적을 묻고는 있지만 그 질문 속에는 역시 교사=교육자, 교육=가르침이라는 등식이 약간의 변환을 거쳐 녹아 있습니다. 이렇게요. '교사=교육을 주는(하는) 사람', '학생=교육을 받는 사람'.

하지만 교육은 학습과 교수의 상호작용을 통해 일어나는 행위입니다. 학습이 삶의 과정에서 자연스럽게 발생한 행위인 반면 교수는 그러한 학습을 돕고 안내하기 위해 훨씬 나중에 문화적으로 발명된 행위고요. 다시 말하지만 그런 점에서 교사뿐만 아니라 학생 역시 교육(참여)자라고 해야 옳습니다. 그 둘의 조화로 교육이라는 행위가 이루어지기 때문입니다. 학습과 교수의 관계가 그런데도 저를 포함한 대부분의 사람들은 교수중심주의에 빠져 교수 또는 교사의 목적을 '교육의 목적'과 동일시한 채 학습이나 학생의 목적보다 더 중요시하는 경향이 있습니다. 새로운 주제나 단원을 시작할 때, 새로운 교과를 다룰 때 학생들의 교육 목적을 묻지 않는 것이 그 예가 될 수 있겠죠. 선택의 여지 없이 그 공부를 해야 한다고는 하나 학생들 나름의 목적을 설정할 수 있는 기회를 주지 않는 경우가 흔하고요. 반성합니다.

그런 점에서 교사 입장에서의 교육 목적 또는 교수의 목적이란 교사가 이 공부를 통해 달성하고자 하는 것에 더해 학생들이 학습의 목적을 설정할 수 있게, 또 그렇게 설정한 목적에 도달하도록 돕는 것이 되어야 하지 않을까 생각해봅니다. 내가 아는 것을 설명하고 전달하는 것이 아니라 말입니다. 그게 학습자의 조건, 학습자가 처한 상황을 관찰하고 이해하고 활용하는 것 아닐까. 그게 학습과 교수가 서로 소통하고 상호작용하는 한 가지 양상이 아닐까. 교사가 설정한 목적은 결국 학생들 입장에서는 외재적 목적이나 다름없으니 말입니다.

그러나 우리는 얼마나 많이, 자주, 쉽게 내가 아는 것, 내가 준비한 것을 전달하고 가르치려 하나요? 학생들이 우리에게 묻고 답을 구하기도 전에 말이죠. 나아가 학습의 목적을 묻기 전에 교수의 목적을 먼저 강요하는 것은 아닌지에 대해서도 진지하게 성찰할 필요가 있을 것 같습니다.

이런 생각에 이르고 보니 드디어 이 말을 쓸 때가 왔구나 싶습니다. 노자가 『도덕경』에서 한 말이자, 제가 쓰는 만년필에도 각인해놓고 날마다 들여다볼 정도로 좋아하는 구절입니다.

아무위이민자화 我無爲而民自化

노자가 '성인聖人'의 입을 통해 위정자에게 당부한 말입니다. '내가 꾸밈이 없으면 백성들은 스스로 감화된다'라고 번역할 수 있겠습니다.

노자 사상의 정수인 '무위無爲'는 꾸밈이나 거짓이 없다, 인위적이지 않다는 뜻이죠. 이 말을 교육의 관점에서 해석하면 외부에서 중요한 것으로 꾸며진, 그렇게 인위적으로 설정된 목적을 제시하지 않는다면 학생들은 스스로 자신이 되고자 하는 것이 될 수 있고, 스스로 하고자 하는 것을 이룰 수 있다는 뜻으로 읽을 수 있을 것입니다. 학습자들이 자신의 삶에서 마주하는 일이라면 무엇이든 스스로 할 수 있는 힘을 가지고 있다는 믿음을 내포하는 말이 아닐까 합니다. 이 말이 교사의 방관을 주장하는 것으로 생각하는 독자들은 없을 거라 믿습니다. 교사들에게는 학생의 학습을 안내하고 보살펴야 한다는, 무엇보다 긴요한 목적을 달성해야 한다는 책임과 소명이 있으니까요.

비록 우리의 정당한 교육적 안내와 세심한 보살핌이 송두리째 부정당하는 힘든 시국이지만, 이 꼭지를 통해 우리가 공들여 얻은 '교사'라는 이름에 담긴 의미를 돌아보고, 다시 한번 초심을 되새기는 계기가 되길 조심스레 바라봅니다.

14

교육에서의 사고

교육과 사고, 학습과 사고는 떼려야 뗄 수 없는 관계입니다. 교육을 통해 사고력을 길러야 한다는 말은 거의 천부적인 당연함으로 여겨지고, 그래서 논리적·비판적·창의적 사고 등은 교육의 목적으로 거론되고 있죠. 아마도 그래서 많은 교사들이 오늘도 단순한 교과 지식의 전달과 전수를 넘어 어떻게 하면 생각하는 힘을 기르는 수업을 만들 수 있을까 고심하고, 실제로 그런 수업을 하기 위해 공들이고 있을 것이고요.

저 역시 그렇습니다. 저한테 대뜸 질문하기보다는 생각을 해보거나 스스로 찾아본 뒤에도 정 모르겠으면 그때 질문하라고 학생들에게 주문하고, 질문에 떠오르는 대로 대답하기보다는 그동안 배운 것이든 또는 경험을 뒤져서든 뭐라도 생각을 해보고 대답하라고 타박하곤 합니다. 그래서 질문을 하고 나면 짧게나마 생각할 시간을 가지려고 하죠. 그 시간 동안 학생들이 진짜로 생각을 하는지 안 하는지 확인할 방법은 없지만요.

교육과 사고력은 불가분의 관계에 있다는 믿음, 교육은 사고력을 기르는 일이라는 믿음이 있으면서도 그런 정도 말고는 체계적으로 무언가를 하지는 않는 게 사실입니다. 사고가 언제 어디서 어떻게 일어나고 어떤 방식으로 흘러가는지 모르기 때문이 아닌가 싶습니다. 그래서 사실 학생들에게 사고를 하게 하는 방법을 모른다고 말하는 게 좀 더 솔직할 것 같습니다. 그럼에도 여전히 '교육은 사고력을 기르는 한 가지 길이다'라는 믿음을 고수하는 걸 보면 어쩌면 수업을 열심히 하는 게 또는 학습-교수 상황에서 조금이라도 생각해보게끔 시간을 주는 게 교육을 통해 사고력을 기를 수 있게 하는 한 가지 방법이 아닌가 무의식적으로 생각하는지도 모르겠습니다. 이런 생각을 저만 하는 건 아닐 거라고, 학교급을 막론하고 모든 교사들이 같은 생각을 가지고 있을 거라고, 따라서 교사들이 저마다의 방식으로 학생들의 사고력을 키우는 일을 하고 있을 거라고 믿고 싶은데 현실이 꼭 그렇지만은 않은가 봅니다.

아래는 최영란의 책에 실린 대학생들의 글입니다. 학생들은 생각 또는 사고와 관련해 한국 교육의 현실을 이렇게 꼬집습니다.

'왜?'라는 문제의식을 가지면 반항하는 문제 학생으로 찍히는 학교에서 나는 아무 생각도 없는 사람처럼 조용히 하라는 대로 살았다. 정체성도 찾지 못하고 자신들이 원하는 길을 걷지 못한 채 일률적인 학습의 테두리 안에서 연령대를 뛰어넘어 무작위로 주입시키는 학습은 분명 파괴적이다. (…) 생각할 기회를 박탈당한 채 휩쓸려가게 하는 이상한 교육열, 그것은 분명 폭력적이며 파괴적이다.[71]

최악의 수업은 무엇일까? 열정이 사라진 수업, 권위적이고 종속적인 수업이다. 그렇다면 수업을 생기 있게 하고 최고로 만드는 것은 무엇일까? 스스로 생각하고 문제를 해결하고 배우면서 기쁨과 보람을 느끼는 수업이다. 하지만 우리나라에서 이런 수업을 경험하는 것은 쉽지 않다.[72]

20년 전 이야기들이니 지금과는 다소 다른 풍경일 수도 있겠습니다. 하지만 지난 2024학년도 대학수학능력시험을 치른 제 아들의 이야기를 들어보면, 또 여전히 수십 수백 권의 문제집과 참고서에 둘러싸여 시험 대비, 성적 대비 공부를 하는 막내아들의 모습을 지켜보고 있노라면 그때와 지금이 얼마나 달라졌을까 하는 의심을 지울 수가 없는 것도 사실입니다. 죽어라 교과서를 읽고 문제집을 풀면 사고력이 절로 길러질 거라 믿는 건 너무나 순진한 생각 같습니다. 저처럼 질문과 답변의 과정에서 생각할 시간을 갖게 하는 것도 체계적이거나 의도적이지 못하다는 점에서 지나가는 불에 밥 익기를 바라는 것처럼 우연에 의존하는 방법 같습니다. 그보다는 교육이 의도적인 행위인 만큼 수업 과정에서 학생들에게 사고를 불러일으키고, 사고를 하게 하는 계획적이며 조직적인 무언가가 있어야 할 것 같은데, 그게 과연 무엇일까요?

이번 꼭지에서는 이 질문에 대한 답을 중심으로 이야기해보겠습니다. 우선 사고라는 것이, 교육 과정에서의 사고가 무엇인지 알아보고 그 사고는 어떤 흐름으로 전개되는지, 학생들이 사고하게 하려면 교수자는 어떤 일을 해야 하는지 살펴보겠습니다.

사고란 무엇인가?

제가 수업 때문에 아주 곤욕을 치렀던 이야기 하나 들려드릴게요. 2022년 2학기에 저는 캠퍼스형 공동교육과정에 교육학 과목을 개설해 고등학생들과 공부를 했습니다. 매주 토요일 세 시간씩 7주 동안 진행되는 수업이어서 교육학을 이루는 학문 영역들을 모두 다룰 수는 없었기 때문에 제가 좋아하는, 또 학생들이 반드시 알았으면 하는 여섯 개 학문들을 추려서 다뤘는데요, 그중 하나는 교육의 목적을 다루는 교육철학이었고, 다른 하나는 제 전공인 교육인류학이었습니다.

요즘 고등학생들이 어떤 형태의 수업에 익숙하고 또 좋아하는지 몰라 제일 첫 시간에 다뤘던 교육철학은 강의식·설명식으로 진행했습니다. '(제 경험상) 고등학교 선생님들이 대체로 이런 식으로 수업하니 이 친구들한테는 이게 더 익숙하겠지' 하는 안일한 생각으로 말입니다. 고등학생들과 교육학 공부를 해본 것은 생전 처음이라 첫 주 수업 말미에 학생들에게 오늘 수업이 어땠는지 의견을 물어봤는데요, 수업에 대한 평가는 '폭망'이었습니다. 한 학생의 평가가 기억이 나는데 대략 이런 취지의 의견을 냈습니다.

"교육학 탐구라고 해서 우리 교육의 현실에 대해 '생각'해보는 수업일 줄 알았다. 강좌 제목과는 달리 재미가 하나도 없었고, 이런 식의 강의식·설명식 수업인 걸 알았다면 신청 안 했을 거다."

학생의 말이 하도 날카로워서 비수가 되어 가슴에 꽂히더군요. 몇 날 며칠을 그 말이 머릿속에 꽉 들어차 앉아 떠나지 않았습니다. 어떻게 해야 학생들에게 '생각'할 기회를 주는 교육학 수업을 할 수 있을까?

이제 저는 사고란 걸 합니다. 내 수업이 뭐가 문제였지? 왜 학생들이 저런 평가를 했을까? 가만, 내가 그동안 수업할 때 학생들이 언제 가장 눈을 빛냈고 활발하게 수업에 참여했지? 요즘 고등학생들은 어떤 식으로 공부하며 어떤 형태의 수업을 좋아할까? 요즘 친구들에 대한 정보는 어디서 어떻게 얻을 수 있을까? 내가 가진 자료들 중 고등학생들의 삶에 관한 정보가 담긴 것들이 있었나? 그래, 그렇게 해서 학생들을 수업에 참여하도록 이끄는 방법을 찾았다 치자. 그럼 어떤 수업을 만들어야 그 방법을 온전히 구현해낼 수 있을까? 하는 것들에 대해서요.

말하자면 사고란 제가 한 일 또는 앞으로 하려는 일과 그 결과로 일어난 것 혹은 일어날 일과의 관련을 파악하는 일입니다. 이 일을 해서 이런 일이 일어났구나, 이 일을 하면 이런 일이 일어나겠구나 하는. 하지만 반드시 수업 같은, 신체적 움직임이나 타인과의 상호작용을 필요로 하는 활동일 필요는 없을 겁니다. 글을 쓰거나 책을 읽거나 또는 내가 겪은 경험의 의미를 이해하거나 내가 처한 상황을 성찰하는 등 일명 '정신적 활동'에서도 같은 형식, 같은 형태의 사고가 일어난다고 볼 수 있습니다. 가령 이런 식으로요. 전에 쓴 글은 왜 안 좋다는 평가를 들었을까? 이 자료를 사용하면 어떤 내용의 글이 써질까? 오늘 내가 이런 상황을 겪었는데 앞으로는 겪지 않으려면 어떻게 처신해야 할까? 오늘 읽은 꼭지가 내게 주는 메시지나 의미는 뭘까?

한마디로 **사고란 활동과 결과 사이의 세밀한 관련을 아는 것, 왜 이런 일이 일어났는가 또는 왜 내가 바라는 일이 일어나지 않았는가, 이렇게 하면 어떤 일이 일어날 것인가를 탐색하는 일, 그런 질문에 대한 답을 찾는 일입니다. 앞의 것과 뒤의 것의 관련을 찾는 일, 뒤의 것과 관련지어 앞의 것의 의미를 찾는 일, 그것이 사고라는 말이죠.** 바꿔 말하면 교과서나 문제집과 참고서 속의 지식을 머릿속에 꽉꽉 채워 넣는다고 해서 절로 사고가 일어나지는 않는다는 말입니다. 또한 그동안 해오던 일을 기계적으로, 습관적으로 할 때 그 역시도 사고가 발생하지 않는다는 말입니다. 왜 그런 말 있잖아요. '생각 없이 일한다', '생각 없이 행동한다' 같은. 그런 점에서 사고를 통해 학습이 일어나는 것이 분명해 보이고, 또 학습의 과정에서는 반드시 사고가 필요한 것 같습니다. 아울러 사고를 하려면, 학생들에게 사고를 하게 하려면 앞의 것과 뒤의 것을 관련지을 수 있는 여유와 여백이 반드시 요구된다는 것도 알겠습니다.

그렇다면 학습에서의 사고는 어떤 흐름으로 전개될까요? 사고의 흐름을 파악하는 것은 그런 과정으로 학생들의 학습을 체계적으로 안내하기 위해서라도 알아두는 것이 도움이 될 것 같습니다.

사고의 흐름

앞선 제 캠퍼스형 공동교육과정 이야기에서 언제, 어떻게 사고가 시작되는지 살펴보았습니다. 당장 풀어야 할 문제, 해결하지 못하면 잠을 못 자겠구나 싶은 문제가 있을 때 사고가 시작됩니다. 「학습 문제」 꼭지에서도 잠시 다뤘지만, 시험 같은 외부에서 주어진 문제보다는 내 삶의 과정에서 찾고 삼은 삶의 문제, 나 자신의 문제일 때 더 섬세하고 치밀하며 강도 높은 사고가 발생하지 않을까 생각해봅니다. 문제의 수준이 아니라 문제의 '질'이나 문제에 대한 '관심의 정도'로 따지자면 그런 문제가 더 질이 높을 것이고, 또 그런 문제에 더 큰 관심과 흥미를 보일 것은 당연할 것이고요. 그리고 그처럼 질 높은 삶의 문제라면 한번 쓱 눈길을 줬다 금세 거두는 게 아니라 어떻게 하면 이 문제를 풀 수 있을까 정밀하게 탐구하는 과정으로 학습자를 이끌 수 있을 것입니다.

생각해봐야 할 점은 국가 교육과정을 다뤄야만 하는 학교 수업에서 이런 문제를 어떻게 제시할 수 있을까, 교과의 문제에 학생들을 어떻게 초대할 수 있을까 하는 것인데 이에 대한 답을 찾는 건 쉽지 않은 일입니다. 하지만 많은 교사들이 깊은 경험에서 우러난 저마다의 창의적인 방법을 가지고 있을 거라고 저는 믿고 있고, 앞선 꼭지에서 이야기한 교사 교육과정도 한 가지 대안이라고 생각합니다. 향가의 형식에 학생들이 처한 삶을 대입하게 함으로써 학생들의 삶을 문학수업의 일부분으로 만든 것은 물론, 향가가 만들어지는 과정까지 스스로 깨치게 한, 「흥미」 꼭지에서 소개한 바 있는 문학수업 사례도 탁월한 예가 될 수 있지 않을까 싶습니다.

풀어야 할 문제가 생겨 사고가 일어나기 시작하면 지금 내게 있는 것은 무엇인가, 내가 처한 상황은 어떠한가 체계적으로 관찰하기 시작합니다. 문제와 관련된 기존의 경험을 뒤져 쓸 만한 것이 있다면 사용하고, 없다면 새로운 지식과 정보 또는 가용한 자원이나 자료를 찾아야겠죠. 제가 고등학생들과의 교육학 수업 문제를 풀기 위해 그간의 제 수업 경험을 반추해보고, 교사로서 또 대학원생으로서 읽었던 이런저런 책과 논문들을 다시 뒤져보고 읽고 했던 것처럼 말입니다. 대학원 공부를 같이 했던 선배들 중 고등학교 교사가 몇 분 있는데, 그 선배들한테 물어보기도 했죠. 몇 번 수업을 해본 지금도 여전히 헤매고 있지만 이런 일이 꾸준히 누적되다 보면, 또 자료와 정보들을 열심히 들여다보고 서로 관련짓고 경험을 계속해서 돌이켜보다 보면 고등학생들과의 교육학 공부를 좀 더 재미있게 할 수 있는 어떤 아이디어들이 생성되지 않을까요? 이렇게 해보면 되려나? 저렇게 해보면 나아지려나? 하는.

학습에서도 마찬가지입니다. 문제가 생겼다고 또는 문제를 찾았다고 저절로 해결되는 것은 아닙니다. '내 강의식 수업이 문제였구나. 고쳐야겠는데 어떻게 해야 할까?' 하고 생각한 것이 곧바로 좀 더 나은 수업으로 이어지지는 않는 것처럼요. 문제를 푸는 데 필요한 지식이나 정보, 자료 등을 모으고 의미를 찾고 연관 지어야겠죠. 그럼으로써 문제를 풀 아이디어를 내어야 할 것입니다. 이 과정이 공부의 핵심이라고 벌써 여러 번 이야기했는데요, 그처럼 문제를 풀어가는 과정에서 이루어지는 공부를 통해 익히는 지식, 문제를 푸는 데 활용되는 지식이 정말로 의미 있는 지식, 진정으로 살아 있는 지식이라고 저는 믿습니다. 그렇지 않은 지식이나 정보라면 그저 지식을 위한 지식, 정보를 위한 정보 그 이상의 의미나 가치는 없지 않을까 생각합니다.

한 가지 더 이야기하고 싶은 것은 이런 과정, 흐름은 교사가 안내하고 제시할 수는 있겠지만 자료와 정보의 의미를 문제에 비추어 해석하고 활용하는 것은 학생 자신의 힘으로 해야 한다는 것입니다. 교육학 수업과 관련된 고민을 의논하는 과정에서 주변 선배들이 제게 해줄 수 있는 것은 읽을 만한 자료들을 추천해주거나 과거와 현재의 시도와 시행착오, 그 과정에서 얻은 나름의 방법적 지식을 이야기해주는 일뿐입니다. 그걸 제 방식으로 변환하고, 수업에 적용하며, 제 수업의 일부로 만들어 학생들과 즐겁고 재미있게 공부하는 데 자유자재로 활용하는 것은 결국 저 스스로 해야 할 일이죠. 학생들 역시 교사와 더불어 적극적이고 능동적인 교육 참여자이면서 동시에 교육자라는 말은 바로 이런 의미에서입니다.

그리고 자료를 학습하고 지식을 쌓는 과정에서 떠오른 아이디어들은 자료가 쌓일수록, 문제와 관련된 경험이 누적될수록 좀 더 정련되고 세분화되고 정밀해집니다. 얼기설기 성글고 거칠었던 것이 촘촘해지고 세밀하게 다듬어진다고 해야 할까요? 첫 주 수업에 대한 학생들의 평가에 정신이 혼미해졌지만 그래도 교사로서 20여 년 넘게 학생들을 만나고 수업을 해왔다고, 비록 성글기는 해도 수업을 어떻게 바꿔야 할지 대강 방향을 잡을 수 있었습니다. 가령 그냥 거칠게 '학생들이 참여할 수 있는 과제를 주자'고 했던 게 '교사 교육과정을 짜보게 하자', '교사 교육과정을 설계해보게 하되 좋아하는 교과 몇 개를 엮게 해보자' 하는 식으로 조금 더 세분화되고 정교해졌습니다. 아마도 교육학 수업에 대한 경험이 더 쌓이면서, 수업을 위해 찾는 자료와 정보가 늘어가면서 지금 시도해본 아이디어는 갈수록 정련되고 세련되어지겠죠. 몇 번을 더 하다 보면 지금의 수업 방법이나 주제를 폐기하고 전혀 새로운 아이디어를 낼 수도 있을 거고요.

아무리 많이 생각하고 문제를 푸는 데 필요한 아이디어를 잔뜩 떠올려두면 뭐 할까요. 실제로 그 아이디어가 내 문제를 해결하는 데 도움이 되는가 적용해봐야죠. 도움이 된다 싶으면 더욱더 정련해서 다시 문제를 푸는 데 되먹임하면 될 것이고, 그렇지 않다면 얼른 폐기하고 새롭게 아이디어를 떠올리는 편이 좋을 겁니다. 저도 이렇게 저렇게 조합해서 나름대로 방법과 수업 주제를 찾아 이후 수업부터 계속 실행해보는 중입니다. 좀 더 많은 학생들을 만나고 또 수업을 해가면서 제가 낸 아이디어가 적절한 것인지 결과를 지켜보려고요. 지금까지의 이야기를 간략히 정리해보겠습니다.

실제적(삶의) 문제 - 조건의 관찰 및 아이디어 생성 - 가설 설정

또는 아이디어 정련 - 실행 및 검증(확인)

이렇게 정리해놓고 보니 교사용 지도서에 나온 이런저런 교수법 모형들, 예를 들면 탐구학습이나 문제해결학습 모형의 실행 절차처럼 되었는데요, 어떤 과목이든 주제든 간에 학습이라는 게 결국은 학습 문제를 풀어가는 과정에서 일어나기에 그 형태도 비슷한 것이 아닐까 생각해봅니다. 덧붙이고 싶은 말은 글로 표현한 형태가 선형적이라고 해서 이것이 사고가 따라야 할 어떤 '절차', '단계' 같은 것은 아닐 거라는 겁니다. 서로 겹치고 얽혀 있다, 빙글빙글 돌아간다, 왔다 갔다 한다고 표현하는 게 더 적확할 것 같습니다. 아이디어가 떠오르지 않으면 문제를 다시 보는 거고, 해보니까 안 된다 싶으면 역시 자료나 아이디어로 돌아가는 게 맞는 거겠죠. 잘된다 싶으면 새로운 문제를 찾는 거고요.

한 가지 더 얘기하자면 사고는 학습의 방법이라는 것입니다. 그저 교과서의 지식과 정보를 머릿속에 들이붓는 게 학습이 아니라는 것, 그런 지식과 정보는 과거의 것이며 학습은 그와 같은 지식과 정보를 활용해 앞으로의 것을 찾아내는 과정이라는 것을 상기한다면 학습이 일어나기 위해서는 반드시 사고가 필요하다는 얘기입니다. 그런 학습은 사고에 의해서만 일어날 수 있기 때문입니다. 학생들의 삶이 담긴, 학생들의 삶에서 길어 올린 진정 어린 문제를 제공할 수만 있다면 또는 그런 문제를 찾을 기회를 만들 수만 있다면 자연스레 사고가 발생할 것이고, 그 과정에서 학습이 일어날 것은 분명해 보입니다. 아하. 그런 까닭에 사람들이 교육은 사고력을 기르는 행위라고 말하는 거였군요.

아마도 늘 좋은 수업을 고민하는 수업의 고수들이 보면 제가 떠올린 아이디어들, 제가 하는 실행들은 어쩌면 그들이 올챙이 적 시절에 이미 했던 걸 그대로 따르는 것일지도 모르겠습니다. 어느 정도 경지에 오르기까지 누구나 다 거쳐온 길, 그러니까 새로운 것은 아니라는 거죠. 하지만 이제 막 고등학생들과 공부를 시작한, 올챙이나 다름없는 저한테는 고심 끝에 생각해낸 새로운 것들입니다. 그런 점에서 어떤 문제에 대한 사고든 그것이 정말 사고라면, 그 수준을 또는 이미 세상에 있고 없음을 떠나 모두 창조적이고 창의적인 거라고 얘기해야 할 것입니다.

사고의 평가

우리는 습관적으로 '생각이 깊다', '생각이 짧다' 같은 말을 씁니다. 사고의 질을 평가 또는 판단하는 말이죠. 심사숙고해 만족스러운 결과물을 낼 때는 생각이 깊다고 하고, 선무당 사람 잡는 것처럼 대충 생각해서 그 사람답지 않은 또는 학급이나 공동체에 해가 될 만한 결과물을 내었을 때는 생각이 짧다고 얘기합니다.

앞서 소개한, 제 교육학 수업 개선을 위한 고민과 사고도 평가를 받을 수 있겠죠. 나름대로 할 수 있는 만큼 자료를 찾고, 정련하고, 또 조밀하게 아이디어를 조정하고 실행 방안을 마련한다고는 했지만, 누군가에게는 분명 생각이 짧거나 얕은 걸로 보일지도 모르겠습니다. 어쩌면 이렇게 지청구할 수도 있겠죠. "고등학생들한테 그 주제를 다루겠다고요?", "그 주제를 가지고 그런 식으로 수업을 하겠다고요?" 하고요. 제 딴에는 깊이 생각한 건데 말입니다. 결국 사고의 질의 평가 기준은 가능한 다양한 대안들 가운데 가장 적절한 대안을 선택하고 실행했는가 하는 거겠군요.

그런 점에서 사고의 깊이, 질은 상대적인 걸지도 모르겠습니다. 누군가에게는 최적·최선의 사고가 다른 이의 눈에는 한참 짧은 것으로 보일 수도 있으니 말입니다. 어쩌면 그래서 교사, 교수자가 필요한 게 아닐까 싶습니다. 학습자의 사고의 흐름을 판단하고, 그 흐름을 올바른 방향으로 이어갈 수 있도록 안내하고 돕고 보살피기 위해서 말입니다. 학습에 필요한 지식과 정보를 가르고 모아서 학습자에게 제시하는 일도 중요하겠지만 그 자료들을 활용해 적절한 사고를 할 수 있도록 안내하는 일이 교사의 일임을, 교사의 가르침에는 이런 일도 들어 있음을 이렇게 또 알게 됩니다.

사고가 있는 수업

앞서 들려드린 교육학 수업 이후로 교육과정을 짜보거나 내가 되고 싶은 교사상이 무엇인지 토론해보는 식으로 실습을 하고 서로 의견을 나눌 수 있는 수업으로 바꾸면 어떨까 아이디어를 내었고, 그렇게 함으로써 교육철학 시간보다는 학생들이 좀 더 활동적으로 참여하게 되었습니다. 하지만 '오늘 수업에서 다루는 문제가 과연 이 학생들이 당면한 삶의 문제인가?' 하는 의문을 지우긴 힘들었습니다. 지금-여기의 문제라기보다는 앞으로-거기의 문제라는 생각이 들었기 때문입니다.

그러던 중 제 전공인 교육인류학에 관해 공부를 하는 시간이 되었습니다. 교육철학 시간에 호되게 덴 것도 있고, 또 다른 수업 시간에 다루는 주제들에 대해서도 약간은 떨떠름한 의문을 가지고 있었기에 어떻게 하면 학생들의 삶에 좀 더 가까운 주제로 공부를 할 수 있을까 고심했습니다. 무엇보다 제 전공 학문이기 때문에 학생들이 재미있게 공부해주길 바랐습니다. 교육인류학자들이 연구한 이런저런 사회들의 사례들을 제시해봐야 딴 나라, 딴 세상 애기니 잠시 신기할지는 몰라도 흥미가 덜할 거고, 그렇다고 그런 사례들에서 추상한 이론을 다뤘다가는 십중팔구 교육철학 수업 때처럼 원망 테러를 당할 거라는 걸 알고 있었기 때문이죠.

어떻게 할까. 어떻게 하면 교육인류학의 연구 주제를 학생들의 삶과 깊이 연관시켜 공부할 수 있을까. 고심한 끝에 생각해낸 것은 학생들이 다니고 있는 학교의 문화 그리고 요즘 고등학생들의 학생 문화를 함께 찾아보는 일이었습니다.

아, 이 글에서 이야기하는 문화는 불고기, 전통음악, 한류 등 유·무형의 감각적 사물 같은 것이 아니라 인간이 환경에 적응하는 과정이자, 그 과정을 통해 얻은 지식·사고·가치·방식·의미 등의 산물을 뜻합니다. 이 문화라는 건 물이나 공기와 같이 우리 곁에 있는 것이 너무나 '당연한' 것이어서 일부러, 의식적으로 다른 문화와 대비해서 비교하지 않으면 알아차리지 못할 만큼 잘 드러나지 않죠. 가령 한국은 알파벳 'r'과 'l' 발음의 구분을 그다지 중요하게 여기지 않기 때문에 또는 그걸 구분하는 게 별 의미가 없기 때문에 'ㄹ'로 퉁쳐서 그에 맞는 언어 사용 방식을 만들어냈고 그에 따라 생활합니다. 한국 언어문화의 한 가지 특성이라고 할 수 있겠는데요, 제가 지금 얘기하니까 '아, 맞다. 그러네' 하고 의식했지, 평소에는 이런 거 잘 생각 안 하시죠? 문화란 그런 겁니다.

이는 지역마다, 나라마다 다르고, 따라서 우리가 낯선 곳에 여행을 가거나 할 때 뭔가 어색하고 기이하게 느껴집니다. 이해가 잘 안 가는 경우도 많고요. 바로 문화가 다르기 때문입니다. '다르긴 다른데 정확히 뭐가 다르지?'라는 질문에 비교적 명확하고 구체적으로 답하려고 할 때 사용하는 한 가지 방법이 '문화주제'인데요, 말로 표현하기 어려운 어떤 문화의 특성을 나타내는 압축적 진술 또는 명제 정도로 이해하면 될 것 같습니다. '이 소설의 주제가 무엇이냐?'라고 물을 때의 바로 그 주제와도 비슷한 것이죠.

아무튼 그렇게 의식하기 힘든 문화를 찾기 위해 삼삼오오 짝을 지어 조를 짰고, 반드시 생각해보아야 할 토론 주제 몇 가지를 제시했습니다. 토론을 시작했고 녹음도 부탁했습니다. 토론은 열띠었고 과정은 재미있었습니다. 곳곳에서 탄성, 긍정, 놀람의 언어들이 터져나왔고 때로는 고등학생들과의 수업에서는 여간 듣기 힘든 웃음소리까지 들을 수 있었거든요.

제가 제일 잘하는 일, 사실은 밥 먹고 숨 쉬는 것 말고 제가 할 줄 아는 유일한 일이 그런 자료 속에서 이야기의 주제를 찾아 흐름을 만들어내는 일입니다. 그 유일한 재능을 살려 학생들의 이야기 속에서 몇 가지 키워드를 추출해 학생들과 다시 만났습니다. 그리고 공부를 이어갔습니다.

"자, 이게 여러분의 토론 속에서 찾은 중요한 낱말들, 문구들입니다. 이걸 서로 모으고 가르고해서 여러분의 문화에 대한 문화주제를 함께 찾아봅시다."

자신들의 삶과 거기서 길어 올린 학습 문제를 수업 시간에 다룬다는 게, 체계적으로 주제화·이론화한다는 게 신기했는지 학생들은 토론 삼매경에 빠져들었습니다. 그러고는 제가 보기에도 제법 예리한 분석 결과를 내놓았습니다. 아래 그림은 학생들의 아이디어를 학생들과 제가 다시 다듬어 산출한 문화주제들입니다.

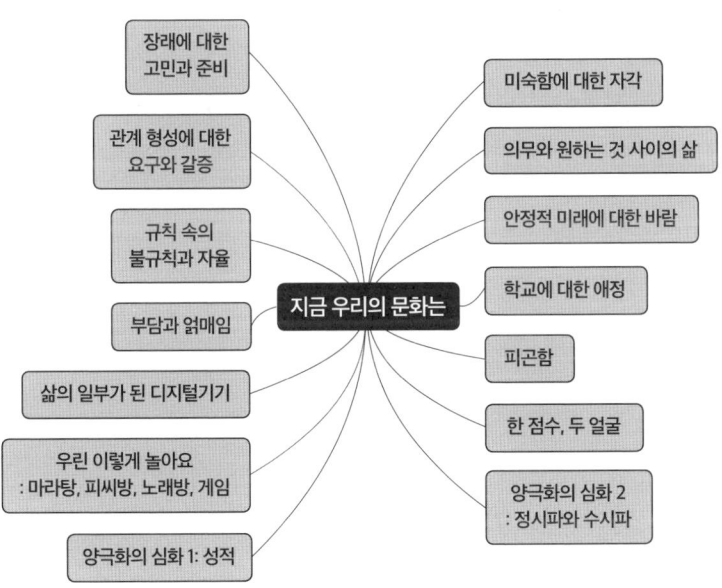

자신들의 삶의 모습과 방식을 정리하기 위해 모든 지력을 하얗게 불태웠다는 듯 신기해하면서도 뿌듯해하던 학생들의 표정이 아직도 선한데, 여러분이 보시기엔 어떻습니까? 곳곳에서 사고의 흔적을 볼 수 있죠? 저만 그런 것은 아니겠죠?

제가 하는 모든 수업이 이렇게 활기와 생동감이 넘치고 사고가 활발하게 일어난다면 얼마나 좋을까. 오늘도 시름이 깊어갑니다.

닫는 글

'언어는 존재의 집이다.'

철학자 하이데거는 이렇게 얘기합니다. 존재라고 하는 것은 결국은 언어를 통해 나타나게 된다, 자신을 드러낸다, 그러니 언어를 탐구하는 것이 존재를 이해하는 한 가지 길이라는 얘기입니다.

그래서 시작했습니다. 흥미, 성장, 학습자 중심 교육, 교과, 목적, 사고 등이 드러내는 교육이라는 게, 그 반대로 이들을 통해 현시하는 교육이 대체 무엇인지 제힘으로 알아보려고요. 이 말들을 도입한 자칭 학자라고 하는 사람들, 교육부, 교육청의 정책 입안 인사들이 이미 색을 칠해 우리에게 강요하거나 소개하는 오염되고 왜곡된 용법이나 이미지 말고 저 말들, 저 용어들의 '진의'가 원래 무엇이었는지, 무엇이어야 하는지 제힘으로 살펴보고 싶어서요.

달리 말해 다른 사람들의 말에 의존하지 않고 스스로 우리 자신의 실천 이론을 탐구하고 이론적 실천을 만들어가는 것, 저는 그게 비로소 교사가 깊은 잠에서 깨어나는 것이고, 또 깨어난, 깨어 있는 교사가 해야 할 일이 아닐까 생각합니다. 저 혼자만 일어나 있으면 심심하고 재미없으니까 말동무 하자고 독자 여러분도 깨우려고 하는 거고요.

여러분도 평소 느끼시겠지만 한국사회는 이론가와 실천가를 뿌리 깊숙한 곳부터 구분합니다. 가령 자칭 학자들이라고 하는 사람들은 교육이론가/전문가고, 현장 교사들은 실천가라는 거죠. 그래서 이들의 마인드 또는 무의식적 마음 상태는 이런 것 같습니다. '생각, 지식의 생산은 내가 한다. 너희 교사들은 시키는 대로만 해라.'

「교과」 꼭지에서도 잠시 말했지만, 교사가 후임·후배 교사들을 양성하지 못하고 대학에 그 양성과 심화학습을 위임, 위탁한 탓에 학자(교수)-교사 간 지식의 생산과 실천/소비가 구분되는 구조는 심화되고, 따라서 이론가 쪽의 헤게모니는 자꾸만 강화되고 내면화됩니다. 이 구조가 당연한 것으로서 우리 몸에 새겨진다는 말입니다. 그러다 보니 심지어는 우리조차도 스스로에게 실천성과 효율을 중시하도록 주문을 외고 족쇄를 채우고요. 더 높이 뛸 수 있는데 스스로 뚜껑을 닫고 그 안에서만 뛰는 벼룩이 된다는 얘기입니다. 이런 헤게모니를 지속적으로 주입한 제도와 인식에 대한 우리 자신의 내면화가 스스로 어떤 용어, 어떤 정책이 진짜 무엇인지를 생각하고, 그에 의거해 실천을 '정초'하려는 움직임, 몸짓, 노력을 몰가치화·탈가치화하고 무용한 것으로 치부하도록 만든 것은 아닌가 생각해봅니다.

이 토로와 관련해서 대학원 시절에 겪었던 이야기를 하나 들려드릴까 합니다. 한 자리에서 '수행평가'를 국내에 도입한 교수의 박사과정 학생과 이야기를 나누게 되었습니다. 그 선생님(교육학과 대학원 학생들끼리는 서로를 '선생님'이라는 호칭으로 불렀습니다)에게 물어봤습니다. "수행평가를 국내 도입하신 선생님의 지도교수님은 수행평가를 하시나요?" 하고요. 그 학생이 눈이 동그라져서 되묻더군요.

"수행평가요? 그게 뭐예요?"

얼마나 허탈하던지요. 물론 어떤 개념이나 주장이 작가의 삶 또는 행적과 그대로 일치하지는 않는다는 것 혹은 그 반대도 그럴 수 있다는 것을 이제는 압니다. 그러나 작가의 사상은 그 삶과 반드시 일치해야 한다는, 말하자면 자신의 사상에 대한 작가의 도덕적·윤리적 책임을 철석같이 믿었던 당시에는 그 대답이 문자 그대로 그렇게 허탈하고 허망할 수 없었습니다. 심지어는 분노까지 치밀었습니다. '교수, 학자라고 하는 사람들은 원래 이런 식인가?' 하는 생각에요.

　수행평가를 도입해야 올바른 평가가 이루어질 수 있다며 생난리를 쳐 학교 현장을 뒤집어놓고는 정작 본인은 안 한다? 심지어 그 얘기를 박사과정 지도학생한테도 하지 않았다? 그럼 여러 논문과 책을 통해 그가 '수행평가의 방법' 운운한 것들은 대체 어디서 나온 것이며, 그에 의거해서 분주하게 손발을 놀렸던 저를 비롯한 동료교사들의 노력은 대체 무엇이었고 무엇을 위한 노력이었으며 어떻게 의미화할 수 있을까요?

　이후 대학원 학위논문을 연구하면서부터 줄곧 그런 생각을 해왔습니다. 왜 우리의 실행과 실천의 근거를 자칭 학자라고 하는 사람들이 하는 말과 글에 정초 지으려 하며, 그들을 우리의 실천을 이끄는 이론가 혹은 전문가로 여기는가? 우리 스스로 하면 안 되는가? 반대로, 매번 우리 스스로 '교육 전문가'가 되어야 한다고 외치면서도 정작 전문가로서의 역량을 발휘해야 할 때가 되면 슬그머니 전문가의 위치에서 내려와 학자라고 하는 사람들의 입만 쳐다보는가? 그렇게도 자신이 없는가? 언제까지 학자라고 하는 사람들의 꼭두각시로 살 것인가? 왜 우리가 해야 할 일을, 함께 해야 할 일을 다른 사람에게 맡기고 스스로 노예가 되는가? 왜 그게 무엇인지는 묻지도 따지지도 않고 어떻게 하면 시키는 대로 잘할 수 있을까 하는 방법만 찾는가? 그게 무엇인지 이해해가면서 방법도 찾을 때, 이 둘 사이를 오가며 순환할 때 더 나은 이해에 도달하고 더 나은 실천 방법을 찾을 수 있는 것 아닌가?

배움의 길을 포기하자는 말이 아니란 것쯤은 눈치채셨을 겁니다. 이오덕 말대로, 배울 것이 있으면 아이들한테서도 배워야 하는 법이니까요. 그러나 스스로 할 수 있는 것을 또는 스스로 할 수 있는 것까지 남의 손에 떠맡기는 일은 배우는 것과는 전혀 다른 이야기입니다. 스스로의 힘으로 끝까지 파고 들어가 알아봄으로써 내가 하려는, 지금 하고 있는 이것은 무엇이고, 그렇기 때문에 이 방법으로 한다, 적어도 이 정도는 "이건 이렇게 해야 하는 건데, 왜 이런 식으로 합니까?" 하고 물어보는 다른 사람들한테 근거를 들어 당당하게 얘기할 수 있어야 하지 않을까요?

프랑스의 사상가이자 소설가 카뮈는 긍정의 토대 위에, 그러나 무조건적인 수용이 아니라 그 의미와 실천을 참되게 창조하려는 정신을 '반항'이라고 명명했는데요, 생각해 보니 이런 마음을, 이런 '반항'의 정신을 독자 여러분과 함께 나누는 것이 이 책을 통해 제가 진짜로 하고 싶었던 일인 것 같습니다. 이렇게 요약해보겠습니다.

'생각하며, 사유하며 살자.'

저는 카르테시안(데카르트주의자)도 아니고 그를 신봉하지도 않습니다만 어쩔 수 없이, 하지만 다른 의미에서 그의 말을 빌려와야겠군요.

'나는 생각한다, 고로 존재한다.'

그런 의미에서 저는 이 책을 '사유기술지Cogitography'라 부르면 어떨까 생각해봤습니다. 매우 생소하죠? 교단일기, 교육에세이, 교육평론, 교육비평, 교육실천사례 등 교육과 관련해서 글 좀 쓴다 하는 사람들이 선택하는 갈래나 장르도 아니고 사유기술지……?

이런 엉뚱하고도 심지어는 생뚱맞기까지 한 '사유기술지'라는 용어를 갑자기 조어, 도입한 이유는 이 글이 단순한 행위와 실천에 관한 기록이 아니라 우리가 몸담고 있는 교육 현장을 담아내고 지시하는 언어와 개념을 비판적으로 되묻고, 이 질문들에 대한 제 나름의 적절한 대답을 찾기 위한 사유의 과정을 교육의 관점에서, 또 교육의 이름으로 기술한 결과이기 때문입니다. 한마디로 사유기술지란 타인의 개념을 그대로 수용, 반복하는 게 아니라 자신의 교육 실천과 주변의 교육 현실을 나 자신의 언어와 개념으로 사유하고 기록하는 글이라고 할 수 있겠습니다.

다른 꼭지들도 다 마찬가지이지만, 특히 「학습자 중심 교육」 꼭지를 예를 들어 사유기술지의 용법 또는 용례를 얘기해보겠습니다. 이 꼭지에서 저는 세간에서 통상적으로 사용되던 학습자 중심 교육 담론에 의문을 제기하며 '차이화'의 관점에서 학습자 중심 교육의 의미를 다시 사유했습니다. 그러고는 그 사유의 과정을 고스란히, 낱낱이 기록했죠. 다른 꼭지들도 모두 그런 마음과 의도에서, 그런 과정으로 쓴 글들입니다. 실천적·행위적 경험에 대한 기술과 보고를 넘어 되묻기, 다시 생각하기에 따른 의미의 재발견이라는 점, 그것이 이 책에 실린 글들이 사유기술지로서 갖는 어떤 용법, 특성이라 할 수 있겠습니다. 요약하자면 타인의 말이나 권위에 의존하지 않고 자기 자신의 눈으로, 관점으로 교육을 바라보고 실천하기 위해(「교육철학」 꼭지에서 '긍정'이라는 이름으로 개념화한 겁니다) 진솔하고 정직하게 자기의 언어로 사유하고, 그 사유의 과정과 결과를 기록해나가는 글쓰기 방식, 그것이 사유기술지라는 얘기입니다.

사유기술지는 제 지도교수가 제안한, 교육학 분야 글쓰기의 한 갈래인 '교육기술지'의 한 종류로 보는 게 좋겠습니다. 인류학에서 주로 쓰는 글의 형태는 '문화기술지(ethnography, 민족지라고 번역하기도 합니다)'인데, 어떤 집단의 삶을 배우고 알아가는 과정에서 파악하게 된 그 집단 구성원의 독특한 사고, 행동, 의미화 등의 방식을 상세히 체계적으로 정리해 엮은 글입니다. 인류학이 다루는 여러 영역과 분야 중에서도 교육인류학을 전공한 제 지도교수는 이 명칭에 착안해 적어도 교육인류학도라면 자신과 다른 이/집단의 교육 행위와 실천을 조사해 정리하고 기록하는 일에 천착해야 하는 바, 그런 글의 이름을 '교육기술지'라고 하자고 제안한 바 있습니다.

비록 저는 교육의 이념형을 따르는, 누가 봐도 '바람직하다' 여겨지는 교육 행위, 교육 실천의 과정과 결과를 기술하지는 않았지만, 적어도 제가 보고 듣고 겪은 한국 사회의 교육 현실을 나름대로 기록하고, 그걸 제가 공부하고 생각한 '교육'의 관점에서 다시 읽고 해석한 결과를 정리하려고 했습니다. 그 과정에서 '이래야 한다' 또는 '이렇게 해야 한다'는 당위적·강령적·방법적 주장을 펴기보다는 우리가 흔히 사용하는 용어·개념·언어가 지시하는 원래의 사태로 되돌아가 정녕 이 방식이 맞는지, 다른 방식의 행위나 실천 가능성은 없는지 다시 생각해보자는 취지의 질문을 던지고, 약간은 다른 관점에서 생각하고 사유하며 그에 답하려고 했습니다. 요컨대 한국 사회의 교육적 실천, 사건들에 대한 사유를 담은 글이라는 거죠.

바로 이 점이 사유기술지로서의 제 글이 교육기술지의 한 갈래가 될 수 있겠다 생각하는 까닭입니다. 제가 쓴 이 글들을 사유기술지라고 부를 수 있다면 독자 여러분 또한 각자의 교실, 위치, 학생들, 언어, 침묵과 혼란, 그리고 다양한 고뇌의 흔적이 담긴 질문과 답변을 기록하는 또 다른 교육기술지, 사유기술지의 저자가 될 수 있으리라 믿습니다. 그렇게 계속해서 우리 외부의 교육 현실과 만나고 반응해 생성되고 창조되는 것들을 잡아내고 기록할 때, 이 소중한 교육적 사유와 실천에 관한 기록들이 우리 교육이 부단히 일신우일신, 진일보해 나가는 정초로서 든든한 버팀목이 되어 줄 거라 믿어 의심치 않습니다.

주

1 존 듀이, 『민주주의와 교육』, 이홍우 옮김, 교육과학사, 2007, 469쪽.
2 위의 책, 471~472쪽.
3 김태완, 『임제어록』, 침묵의향기, 2015, 170~171쪽.
4 존 듀이, 앞의 책, 106쪽.
5 위의 책, 97쪽.
6 하이타니 겐지로, 『나는 선생님이 좋아요』, 햇살과나무꾼 옮김, 양철북, 2010, 289쪽.
7 위의 책, 278쪽.
8 Wilford M.Aikin, 『중등학교 교육과정 개선을 위한 8년 연구 이야기』, 김재춘·박소영 옮김, 교육과학사, 2002, 95~97쪽.
9 문교부, 제2차 국민학교 교육과정, 국가교육과정 정보센터, 1963.
10 문교부, 제3차 국민학교 교육과정, 국가교육과정 정보센터, 1973.
11 위의 자료.
12 에버하르트 뫼비우스, 『어린이 공화국 벤포스타』, 김라합 옮김, 보리, 2000,

145쪽.
13 Saad Shawer, Deanna Gilmore, and SusanRae Banks-Joseph, "Learner-driven EFL curriculum development at the classroom level", International journal of teaching and learning in higher education, v. 20, n. 2, 2009, 125~143쪽.
14 경상남도교육청, 『교사 수준 교육과정: 실천편』, 동아출판인쇄사, 2018, 125쪽.
15 위의 책, 95쪽.
16 위의 책 71쪽, 교육과정디자인연구소, 『교사 교육과정을 디자인하다』, 테크빌교육, 2020, 이원님·정광순, 「교사교육과정에서 교사가 개발한 주제(단원)의 성격에 대한 논의」, 『통합교육과정연구』 16(2), 2022, 173쪽.
17 전현욱, 「'교사교육과정'의 재용어화에 관한 연구」, 『인문사회21』 14(3), 2023, 289쪽.
18 위의 자료, 292~293쪽에서 발췌, 보완.
19 존 듀이, 앞의 책, 514쪽.
20 위의 책, 151쪽.
21 이진경, 『불온한 것들의 존재론』, 휴머니스트, 2011, 142~150쪽.
22 이경숙, 『시험국민의 탄생』, 푸른역사, 2017.
23 조용환, 『교육다운 교육』, 바른북스, 2021.
24 한국문화인류학회 엮음, 『낯선 곳에서 나를 만나다』, 일조각, 2006, 55쪽.
25 교육부, 『수학 3-2』, 천재교과서, 2020, 40쪽.
26 박공식·전현욱, 「M대학교 학생들의 볼리비아 해외교육봉사활동 전개 방식에 대한 비판적 고찰」, 『교육인류학연구』 21(1), 2018, 110~111쪽.
27 위의 자료, 114쪽.
28 김두환 외, 「충북교육정책 수립을 위한 사회학적 연구」, 충청북도교육연구정보원, 2021, 337쪽.
29 김하늬, 『리얼 월드 러닝』, 푸른들녘, 2021.

30 마거릿 미드, 『사모아의 청소년』, 박자영 옮김, 한길사, 2008, 270쪽.

31 고글리, 『로드스쿨러』, 또하나의문화, 2009.

32 존 듀이, 앞의 책, 438쪽.

33 아닐 세스, 『내가 된다는 것』, 장혜인 옮김, 흐름출판, 2022.

34 존 듀이, 앞의 책, 437쪽.

35 위의 책, 64쪽.

36 위의 책, 506쪽.

37 위의 책, 507쪽.

38 위의 책, 509쪽.

39 Lave, J. & Wenger, E., 『상황 학습』, 손민호 옮김, 강현출판사, 2010.

40 존 홀트, 『존 홀트의 학교를 넘어서』, 공양희 옮김, 아침이슬, 2007.

41 위의 책, 224쪽.

42 위의 책, 285쪽.

43 위의 책, 293쪽.

44 이혁규, 『수업』, 교육공동체벗, 2013, 196~199쪽.

45 존 듀이, 앞의 책, 220쪽.

46 위의 책, 290쪽.

47 위의 책, 288쪽.

48 위의 책, 302쪽.

49 위의 책, 417쪽.

50 미셸 드 몽테뉴, 『몽테뉴 수상록』, 손우성 옮김, 동서문화사, 2007, 152~153쪽.

51 존 듀이, 앞의 책, 517쪽.

52 김신회, 「통합지향 교양체육수업에 대한 문화기술적 연구」, 한국교원대학교 대학원 석사학위논문, 2006.

53 게롤트 베커·아르눌프 쿤체·에냐 리겔·하요 베버, 『만들고 행동하고 표현하라』, 이승은 옮김, 알마, 2011, 32쪽.

54 위의 책, 46쪽.

55 위의 책, 46쪽.

56 위의 책, 48쪽.

57 존 듀이, 앞의 책, 372쪽.

58 이혁규, 앞의 책.

59 조용환, 앞의 책.

60 위의 책.

61 이혁규, 앞의 책, 238쪽.

62 위의 책, 241쪽.

63 위의 책, 245쪽.

64 위의 책, 249쪽.

65 위의 책, 250쪽.

66 존 듀이, 앞의 책, 179쪽.

67 위의 책, 179쪽.

68 최영란, 『내가 교사가 돼도 되나?』, 이매진, 2009, 38쪽.

69 이혁규, 앞의 책.

70 이재준, 「교육 목적론 재음미: 『논어』를 중심으로」, 『인격교육』 16(2), 2022, 57~72쪽.

71 최영란, 앞의 책, 68~69쪽.

72 위의 책, 101쪽.

참고 문헌

- 고글리, 『로드스쿨러』, 또하나의문화, 2009.
- 게롤트 베커·아르놀프 쿤체·에냐 리겔·하요 베버, 『만들고 행동하고 표현하라』, 이승은 옮김, 알마, 2011.
- 경상남도교육청, 『교사 수준 교육과정: 실천편』, 동아출판인쇄사, 2018.
- 교육과정디자인연구소, 『교사 교육과정을 디자인하다』, 테크빌교육, 2020.
- 교육부, 『수학 3-2』, 천재교과서, 2020.
- 김두환 외, 「충북교육정책 수립을 위한 사회학적 연구」, 충청북도교육연구정보원, 2021.
- 김신회, 「통합지향 교양체육수업에 대한 문화기술적 연구」, 한국교원대학교 대학원 석사학위논문, 2006.
- 김태완, 『임제어록』, 침묵의향기, 2015.
- 김하늬, 『리얼 월드 러닝』, 푸른들녘, 2021.
- 마거릿 미드, 『사모아의 청소년』, 박자영 옮김, 한길사, 2008.
- 문교부, 제2차 국민학교 교육과정, 국가교육과정 정보센터, 1963.

- 문교부, 제3차 국민학교 교육과정, 국가교육과정 정보센터, 1973.
- 미셸 드 몽테뉴, 『몽테뉴 수상록』, 손우성 옮김, 동서문화사, 2007.
- 박공식·전현욱, 「M대학교 학생들의 볼리비아 해외교육봉사활동 전개 방식에 대한 비판적 고찰」, 『교육인류학연구』 21(1), 2018.
- 아닐 세스, 『내가 된다는 것』, 장혜인 옮김, 흐름출판, 2022.
- 에버하르트 뫼비우스, 『어린이 공화국 벤포스타』, 김라합 옮김, 보리, 2000.
- 이경숙, 『시험국민의 탄생』, 푸른역사, 2017.
- 이원님·정광순, 「교사교육과정에서 교사가 개발한 주제(단원)의 성격에 대한 논의」, 『통합교육과정연구』 16(2), 2022.
- 이재준, 「교육 목적론 재음미: 『논어』를 중심으로」, 『인격교육』 16(2), 2022.
- 이진경, 『불온한 것들의 존재론』, 휴머니스트, 2011.
- 이혁규, 『수업』, 교육공동체벗, 2013.
- 전현욱, 「'교사교육과정'의 재용어화에 관한 연구」, 『인문사회21』 14(3), 2023.
- 조용환, 『교육다운 교육』, 바른북스, 2021.
- 존 듀이, 『민주주의와 교육』, 이홍우 옮김, 교육과학사, 2007.
- 존 홀트, 『존 홀트의 학교를 넘어서』, 공양희 옮김, 아침이슬, 2007.
- 최영란, 『내가 교사가 돼도 되나?』, 이매진, 2009.
- 하이타니 겐지로, 『나는 선생님이 좋아요』, 햇살과나무꾼 옮김, 양철북, 2010.
- 한국문화인류학회 엮음, 『낯선 곳에서 나를 만나다』, 일조각, 2006.
- Lave, J. & Wenger, E., 『상황 학습』, 손민호 옮김, 강현출판사, 2010.
- Saad Shawer, Deanna Gilmore, and SusanRae Banks-Joseph, "Learner-driven EFL curriculum development at the classroom level", International journal of teaching and learning in higher education, v. 20, n. 2, 2009.
- Wilford M.Aikin, 『중등학교 교육과정 개선을 위한 8년 연구 이야기』, 김재춘·박소영 옮김, 교육과학사, 2002.

교실의 언어

초판 1쇄 발행 2025년 12월 8일

지은이 • 전현옥
펴낸이 • 황혜숙
편집 • 황유라
펴낸곳 • ㈜창비교육
등록 • 2014년 6월 20일 제2014-000183호
주소 • 04004 서울특별시 마포구 월드컵로12길 7
전화 • 1833-7247
팩스 • 영업 070-4838-4938 | 편집 02-6949-0953
홈페이지 • www.changbiedu.com
전자우편 • contents@changbi.com

ⓒ 전현옥 2025
ISBN 979-11-6570-392-9 03370

* 이 책 내용의 전부 또는 일부를 재사용하려면
  반드시 저작권자와 ㈜창비교육 양측의 동의를 받아야 합니다.
* 책값은 뒤표지에 표시되어 있습니다.